陕西社科丛书

健康中国战略下普通高校公共体育教学的改革

——以陕西省普通高校为例

王 朝 著

西北大学出版社
·西安·

图书在版编目（CIP）数据

健康中国战略下普通高校公共体育教学的改革：以陕西省普通高校为例 / 王朝著. -- 西安：西北大学出版社, 2024.7. -- ISBN 978-7-5604-5426-9

Ⅰ．G807.4

中国国家版本馆 CIP 数据核字第 2024W2L723 号

健康中国战略下普通高校公共体育教学的改革
——以陕西省普通高校为例

JIANKANG ZHONGGUO ZHANLUE XIA PUTONG GAOXIAO GONGGONG TIYU JIAOXUE DE GAIGE
——YI SHAANXISHENG PUTONG GAOXIAO WEI LI

王　朝　著

出版发行　西北大学出版社
（西北大学校内　邮编：710069　电话：029-88302621　88303593）
http://nwupress.nwu.edu.cn　　E-mail: xdpress@nwu.edu.cn

经　销	全国新华书店	
印　刷	西安日报社印务中心	
开　本	787 毫米×1092 毫米　1/16	
印　张	13.75	
版　次	2024 年 7 月第 1 版	
印　次	2024 年 7 月第 1 次印刷	
字　数	205 千字	
书　号	ISBN 978-7-5604-5426-9	
定　价	38.00 元	

本版图书如有印装质量问题，请拨打电话 029-88302966 予以调换。

《陕西社科丛书》编委会

主　　任　甘　晖　郭建树
副 主 任　高红霞　张　雄　苗锐军
执行主任　张　雄
委　　员　（按姓氏笔画排序）
　　　　　马　来　杜　牧　张金高　张蓬勃
　　　　　陈建伟　周晓霞　赵建斌　祝志明
　　　　　桂方海　惠克明　翟金荣

序

  2016 年，中共中央、国务院发布《"健康中国 2030"规划纲要》，提出全民健康的明确要求。2017 年，党的十九大号召"实施健康中国战略"，指出"人民健康是民族昌盛和国家富强的重要标志"。2019 年，国务院办公厅印发《国务院关于实施健康中国行动的意见》。这一切均昭示：步入新时代，党和政府把提高全民健康水平作为一项重要的制度安排和战略举措。全民健康水平的提升，必须从青少年抓起，从学校教育抓起。在各级各类学校体育教学的体系中，高等院校的公共体育课具有举足轻重的地位和作用，它既是实现全民终身体育目标的收官之举，也是青少年以健康的身心体魄走向社会，成为健康国民的"最后一站"。因此，高等院校公共体育教学的质量和效果，对于健康中国战略的实施有着十分重要的作用和影响。

  西安电子科技大学王朝博士所著的《健康中国战略下普通高校公共体育教学的改革——以陕西省普通高校为例》一书，对当前条件下如何深化高校公共体育教学改革，如何提高公共体育教学质量与效果，做出了有益的探索。该书从教学目标、教学内容、教学方式和教学评价四个维度，系统阐述了目前高校公共体育教学的基本现状和取得的成效，深入分析了存在的问题及生成原因，在此基础上，从实施健康中国战略的目标要求出发，提出了深化高校公共体育改革的思路与对策。概览全书，具有以下特点：

  学术观点具有创新性。该书系统筛查阅研了有关高校公共体育教学改革的已有研究成果，认真梳理领悟了党和政府下发的相关改革文件，探讨了"健康中国战略"对高校公共体育教学改革提出的新目标、新要求和新挑战，在此基础上依据马克思主义关于人的全面发展理论、泰勒的课程与教学理论和身体素养理论，建构了健康中国战略视域下高校公共体育教学改革"目标—价值式"的理论分析框架，提出了深化高校公共体育教学改革的应然指向，这对正确认识和把握高校体育教学发展的方向和路径极有裨益。

  研究过程深入扎实。该书在撰写过程中以陕西省普通高校为研究对象，先后到多所高校进行了深入实地的观察、访谈和问卷，获取了丰富翔实的一手资料，以大量的数据和案例对目前高校公共体育教学的实际现状、存在问题及生成原因等进行了深度的阐述和分析，指出当前高校公共体育教学存在着教学目标与健康中国战略目标要求相脱节，教学内容与"健康中国"指标体系相偏离，教学组织形式和方法单一，教学手段不能满足学生多样化差异化需求，教学组织与管理的信息化程度偏低，教学评价未突出学生主体地位等问题。上述分析，对于客观理性地认识目前高校公共体育教学基本现状，矫正存在的问题，弥补短板和不足，具有重要的参考价值。

对策建议具有可操作性。该书在分析了当前高校公共体育的教育基本现状、存在问题和主要原因后，提出了在实施健康中国战略背景下深化高校公共体育教学改革的思路与对策：一要校准教学目标，恪守"以生为本，健康第一"的理念，帮助大学生形成终身体育的意识、技能和行为习惯；二要深化教学内容改革，应对标对表健康中国的指标体系丰富和完善高校公共体育课的教学内容，在课程设计上，既要坚持面向全体学生，又要遵循因材施教；三要深化教学组织形式和方法改革，坚持促进学生体质增强与体育水平提高相结合，体育知识传授与体育技能培养相结合；四要加强高校体育设施建设，完善运动场馆设施，提高体育的数字化和科技化水平，满足学生多样化个性化发展需求；五要加强师资队伍建设，足额配齐高校体育教师，优化职前培养和职后培训供给体系，提高体育教师的专业素养和职业操守。以上建议，对深化当前高校公共体育教学改革具有较强的现实指导意义。

感性无知性则盲，知性无感性则空。王朝同志长期在高校从事体育教学工作，对高校公共体育教学具有深切的实践感知。之后，她又攻读了教育学博士，读博期间专心致力于高校公共体育教学改革研究，获得了较大的知识拓展和学术理论水平提升。这本书既是王朝同志多年从事高校体育教学的心得体会和实践经验的凝练，也是她长期从事体育研究和理性思考的智慧结晶。当然，作为一名年轻学者，书中的不足之处在所难免，敬请各位方家斧正、海涵。

司晓宏教授
2024 年中秋

前　言

"健康中国战略"的实施标志着提高全民健康水平，促进人的全面发展，推进现代化强国建设已成为一项重要战略安排。高校公共体育教学作为建设"健康中国"的重要组成部分，是实现全民健康最直接最具体的行动基点，也是学校体育实现终身体育目标的"最后一站"。然而，当前普通高校公共体育的教学理念、教学目标、教学内容、教学方法和教育评价与健康中国战略要求之间存在较大的差距。鉴于此，本书以问题为导向，综合运用文献法、问卷调查法、访谈法、案例分析法等，通过健康中国战略下高校公共体育教学的理论建构，扫描并探究当下普通高校公共体育教学现状与健康中国战略目标之间的差距及差距背后的根源，从而为健康中国战略下普通高校公共体育教学改革提供理论依据与实践参考。

全书共分为五章，主要内容有绪论、健康中国战略下普通高校公共体育教学改革的政策依据、理论基础与分析框架，陕西省普通高校公共体育教学实证分析，陕西省普通高校公共体育教学与健康中国战略目标存在的差距及原因分析和健康中国战略下普通高校公共体育教学改革的理性思考。

本著作受到陕西省社会科学界联合会 2023 年陕西省社科著作出版资助项目 2023SKZZ015，2023 年陕西省"十四五"教育科学规划项目 SGH23Y2272，2024 年西安市社科基金 24TY123，2024 年陕西省社科联青年专项 2024QN377，2024 年中央高校基本科研业务费专项资金资助 ZYTS24160 等项目的大力支持。

此外，本书稿的撰写工作得到了陕西省体育学界专家，陕西省普通高校体育教育工作者，西安电子科技大学领导、同仁的大力支持，在此表示衷心的感谢！

由于笔者水平有限，书稿难免存在一定的缺陷，甚至有疏漏之处，恳请同行专家与广大读者批评指正，提出宝贵意见，以便笔者不断改进与完善。

王　朝
2024 年 7 月

目 录

第 1 章 绪论 ·· 1

  1.1 研究缘起与意义 ·· 1

    1.1.1 研究缘起 ··· 1

    1.1.2 研究意义 ··· 5

  1.2 研究综述 ·· 7

    1.2.1 关于高校公共体育和国民健康关系的研究 ············ 7

    1.2.2 关于新时代普通高校公共体育教学改革的研究 ······· 10

    1.2.3 关于健康中国战略下高校公共体育教学改革的研究 ··· 16

    1.2.4 对已有研究的总体评价 ···························· 20

  1.3 核心概念界定 ·· 22

    1.3.1 健康中国战略 ···································· 22

    1.3.2 "健康中国2030" ································· 22

    1.3.3 健康教育 ·· 25

    1.3.4 普通高校 ·· 25

    1.3.5 公共体育教学 ···································· 26

  1.4 研究思路与方法 ·· 27

    1.4.1 研究思路 ·· 27

    1.4.2 研究方法 ·· 27

  1.5 研究重点与难点 ·· 31

    1.5.1 研究重点 ·· 31

1.5.2 研究难点……………………………………………………… 31

第2章 健康中国战略下普通高校公共体育教学改革的政策依据、理论基础与分析框架…………………………………………… 33

2.1 政策依据……………………………………………………………… 33
    2.1.1 习近平关于健康中国战略和关于体育的重要论述………… 34
    2.1.2 国家和部委层面的相关政策文件…………………………… 41
2.2 理论基础……………………………………………………………… 50
    2.2.1 马克思主义关于人的全面发展理论………………………… 50
    2.2.2 泰勒的课程与教学理论……………………………………… 55
    2.2.3 身体素养理论………………………………………………… 58
2.3 分析框架……………………………………………………………… 63
    2.3.1 分析框架构建的依据和原则………………………………… 63
    2.3.2 分析框架的基本维度和内容体系…………………………… 69

第3章 陕西省普通高校公共体育教学实证分析………………… 77

3.1 调研设计……………………………………………………………… 77
    3.1.1 对象选取……………………………………………………… 77
    3.1.2 工具设计……………………………………………………… 78
3.2 调研过程……………………………………………………………… 80
    3.2.1 问卷的发放和收集…………………………………………… 80
    3.2.2 调查访谈的实施……………………………………………… 83
3.3 调研结果……………………………………………………………… 86
    3.3.1 陕西省普通高校公共体育教学的总体现状………………… 87
    3.3.2 陕西省普通高校公共体育教学目标的现状………………… 98
    3.3.3 陕西省普通高校公共体育教学内容的现状………………… 100
    3.3.4 陕西省普通高校公共体育教学方法的现状………………… 102
    3.3.5 陕西省普通高校公共体育教学评价的现状………………… 105

3.3.6 陕西省普通高校公共体育教学现状案例分析……………… 108
　3.4 整体分析与评价…………………………………………………… 113

第4章　陕西省普通高校公共体育教学与健康中国战略目标存在的差距及原因分析……………………………………………… 119
　4.1 存在的主要差距和问题…………………………………………… 119
　　4.1.1 教学目标与健康中国战略要求存在脱节现象……………… 120
　　4.1.2 教学内容与健康中国战略要求存在偏离问题……………… 126
　　4.1.3 教学方法和组织形式比较单一……………………………… 131
　　4.1.4 教学评价机制不完善………………………………………… 135
　4.2 存在问题的原因剖析……………………………………………… 142
　　4.2.1 "升学教育"主导下学生体育意识式微…………………… 142
　　4.2.2 全社会"内卷"背景下健康教育意识淡薄………………… 145
　　4.2.3 高水平体育师资力量薄弱…………………………………… 147
　　4.2.4 体育教学经费投入不足导致保障条件欠缺………………… 152

第5章　健康中国战略下普通高校公共体育教学改革的理性思考……………………………………………………………… 155
　5.1 端正理念，厘定科学的公共体育教学目标……………………… 155
　　5.1.1 深化"健康第一"的现代体育教学理念…………………… 155
　　5.1.2 恪守"以生为本"的高校体育教学原则…………………… 157
　　5.1.3 形成"终身体育"的课程教学培养目标…………………… 159
　5.2 深化改革，丰富和完善公共体育教学内容……………………… 160
　　5.2.1 重视高校体育教材的合理选用与创新……………………… 160
　　5.2.2 注重课堂教学与课外活动的一体化融合…………………… 162
　5.3 强化师资，配齐配强公共体育教师……………………………… 164
　　5.3.1 优化高校体育师资培养与供给……………………………… 164
　　5.3.2 提升高校体育教师专业素养和职业操守…………………… 167

5.3.3 加强高校体育教师培训质量 ··· 168
5.4 加大资金投入，完善公共体育教学保障体系 ·································· 169
5.4.1 强化高校体育资金投入和硬件建设 ··· 169
5.4.2 完善高校公共体育教学制度建设 ·· 170
5.4.3 以科技赋能高校体育教学改革 ··· 172
5.5 加强宣传，提升全社会公民健康意识 ·· 173
5.5.1 在全社会大力弘扬"健康第一"的理念 ··································· 174
5.5.2 升级宣传方式以营造校园健康文化氛围 ··································· 177

结　语 ··· 180
附　录 ··· 184
参考文献 ··· 198

第1章 绪 论

1.1 研究缘起与意义

2017年10月,党的十九大报告中首次提出"实施健康中国战略",并将其纳入到国家整体发展战略中进行统筹推进。"健康中国战略"的实施标志着提高全民健康水平,促进人的全面发展,推进现代化强国建设已成为一项重要战略安排。而高校公共体育教学改革作为建设健康中国战略的重要组成部分,不仅关系着学生身体健康水平的提升和健康生活方式的改进,还关系着国民健康素养的整体增强,对全面建成小康社会、实现民族复兴具有重大意义。

1.1.1 研究缘起

1. 党的十九大报告正式提出"健康中国"重大战略部署

从国际上来看,自20世纪中叶以来,建设健康社会、提高人民健康水平已成为世界各国开展国家健康治理的重要目标,美国、日本等国及欧盟等组织纷纷将健康战略纳入国家战略实施范畴。从国内来看,新中国建立以来,保障人民群众健康是党的历代领导集体所共同遵循的主张,经过70余年的努力奋斗,全体国民的健康状况得到明显改善,身体素质得到大幅提升。2019年,我国人均预期寿命已达77.3岁,比2015年提高0.96岁;婴儿死亡率、5岁以下儿童死亡率分别下降到5.6‰和7.8‰。但城市化、工业化和人口老龄化的快速发展,再加上生态环境和生活方式的持续变化,给人们的健康状况带来了新的挑战,这就需要党和国家从更为长远和系统的视角来解决。健康中国战略最早于2008年由卫生部提出,其组织数百名专家开展了广泛研究。到2012年,《"健康中国

2020"战略研究报告》正式形成，并率先提出健康中国这一重大战略思想。该报告构建了一个由 10 个具体目标和 95 个分目标组成的卫生发展综合目标体系，是有效监测和系统评估全民健康发展状况的重要依据。2016 年 8 月，习近平总书记主持召开中共中央政治局会议，《"健康中国 2030"规划纲要》在这次会上重点审议并通过，并于同年 10 月以中共中央、国务院的名义正式印发，从而确立了健康中国建设的目标和任务，成为我国实施健康中国战略的阶段性的总纲领。在经历了长期的酝酿和准备之后，2017 年 10 月，习近平总书记在党的十九大报告中正式提出要实施健康中国战略，并强调"人民健康是民族昌盛和国家富强的重要标志"。2019 年 6 月，国务院办公厅印发《关于实施健康中国行动的意见》，根据意见要求成立了健康中国行动推进委员会，并印发《健康中国行动（2019—2030 年）》，从而标志着健康中国战略正式进入到实际建设阶段，并为健康中国的建设行动与组织实施确立了"路线图"和"施工图"。健康是立身之本，人民健康是立国之基，是人们通向美好生活的动力和前提，无论在什么时期，追求健康都是人类的共同愿望。当前，我国已进入社会主义现代化建设的新时代，其重要目标之一就是促进社会和谐并让人民享有健康。人们关注健康的热情空前高涨，越来越多的城乡居民重视健康生活习惯与健康生活方式，会主动学习和了解科学健康知识。这为我国实施健康中国战略提供了坚实的群众基础和实践条件。

2. 深化高校公共体育教学改革是落实健康教育的必然要求

党和国家领导人历来十分重视体育和学校体育工作。早在 1917 年的《新青年》杂志上，毛泽东同志就明确提出："体育于吾人实占第一位置。体强壮而后学问道德之进修勇而收效远。"他在新中国成立后更是多次强调要发展体育运动，增强人民体质，学校要贯彻"健康第一"的思想，使受教育者在德育、智育、体育几方面都得到发展。邓小平同志也多次指明学校体育工作的重要性，强调"把学校体育搞好"等。党的十八大以来，习近平同志多次强调体育是提高人民健康水平的重要手段，新时代学校体育要能够帮助学生在体育锻炼中享受乐趣、增强体质、健全人格、锻炼意志。由此可知，学校体育不仅是提高学生身体健康水平、培养学生健康生活方式的主要渠道，而且关系着国民健康素质的整体提升,对全面建成小康社会、实现民族复兴具有重大意义。

高校公共体育教学作为学校体育工作开展的重要表现形式,是对学生进行健康教育,以增强学生健康意识、提高健康素养、养成健康生活方式的有效途径。全国教育事业发展统计公报显示,2021年,我国高等教育毛入学率为57.8%,在校生规模达到4430万人,这意味着我国高等教育开始从大众化进入普及化阶段。高等教育在扩大规模的同时,培养质量也要不断提升。高校学生是促进经济社会发展的重要生力军,高校在对其开展教育和培养时,除了让他们掌握知识技能、具备创新精神外,更要关注他们的健康问题。这是因为身心健康是高校学生全面发展的基础,而高校学生又是传播健康理念、引领健康生活方式的重要人群。高等教育阶段是高校学生身心成长成熟、健康素养形成的重要时期,是中小学教育的延续和深化,是学生进入社会前接受系统教育的"最后一站"。因此,在高校体育中贯彻和实施健康教育,对促进学生的全面发展有着长远的战略意义。

实施健康教育,提升学生健康水平,将健康教育作为高校公共体育教学的重要理念和内容,也是健康中国战略对高校公共体育教学改革提出的新要求。2016年10月,中共中央、国务院印发的《"健康中国2030"规划纲要》指出:"将健康教育纳入国民教育体系,把健康教育作为所有教育阶段素质教育的重要内容。"普通高校公共体育教学作为素质教育的重要工作之一,无疑将承担着对高校学生开展健康教育的重任。为此,次年6月,教育部印发了《普通高等学校健康教育指导纲要》,明确将加强高校健康教育,提高学生健康素养和体质健康水平作为重要目标,从而有效贯彻落实《"健康中国2030"规划纲要》对学校健康教育的要求。由此可以看出,高校公共体育教学作为教育系统的基础组成部分,是实现全民健康最直接最具体的行动基点,也是实现健康中国战略的重要抓手。

3. 当前高校公共体育教学与健康中国战略目标存在较大差距

在中国特色社会主义现代化建设中,其重要目标之一就是促进社会和谐并让人民享有健康的生活品质。由于当前的生态环境、生活方式、人口老龄化、疾病谱等在不断变化,我国仍处在多种疾病威胁并存、多种健康影响因素交织的复杂局面中。尽管国民主要健康指标总体上居于中高收入国家前列，但同高收入国家相比，仍存在较大差距。如果这些问题不能得到有效解决，势必会严重影响人民健康，制约经济发展，影响社会和谐稳定。与此同时，我国在步入小康社会之后，人民追求健康比追求富裕更为迫切，如何有效提升健康生活品质已成为人民密切关注的问题。习近平总书记在全国卫生与健康大会上强调："没有全民健康，就没有全面小康。"这说明全民健康不仅关乎社会稳定与发展，更直接关系到全面小康的建成。

  2016年10月，《"健康中国2030"规划纲要》发布，其明确指出："促进重点人群体育活动，实施青少年体育活动促进计划，培育青少年体育爱好，基本实现青少年熟练掌握1项以上体育运动技能，确保学生校内每天体育活动时间不少于1小时。到2030年，学校体育场地设施与器材配置达标率达到100%，青少年学生每周参与体育活动达到中等强度3次以上，国家学生体质健康标准达标优秀率25%以上。"《中国学校体育发展报告（2020）》数据显示："在调研的999所普通高校中，掌握1项体育锻炼项目的学生比例在50%以上的学校占76.12%；学生每天体育活动时间在120分钟以上的学校占6.75%，学生每天活动时间在60~120分钟（含120分钟）的学校占49.57%，学生每天活动时间在30~60分钟（含60分钟）的学校占36.94%，在30分钟及以下的学校占5.41%；体育场馆、设施和器材符合国家配备、安全和质量标准的学校占64.49%；学生每周至少参加3次以上课外锻炼的学校占18.25%；执行《国家学生体质健康标准》测试的学生占全体本科生总数比例在90%以上的学校占64.66%。"《"健康中国2030"规划纲要》重点人群体育活动目标与高校体育工作情况对比，如表1-1所示。

表1-1 《"健康中国2030"规划纲要》重点人群体育活动目标与高校体育工作情况对比

	促进重点人群体育活动目标	高校体育工作情况
1	基本实现青少年熟练掌握1项以上体育运动技能	掌握1项体育锻炼项目的学生比例在50%以上的学校占76.12%
2	确保学生校内每天体育活动时间不少于1小时	学生每天体育活动时间在1个小时以上的学校占56.32%

续表

	促进重点人群体育活动目标	高校体育工作情况
3	学校体育场地设施与器材配置达标率达到100%	体育场馆、设施和器材符合国家配备、安全和质量标准的学校占64.49%
4	青少年学生每周参与体育活动达到中等强度3次以上	学生每周至少参加3次以上课外锻炼的学校占18.25%
5	国家学生体质健康标准达标优秀率25%以上	执行《国家学生体质健康标准》测试的学生占全体本科生总数比例在90%以上的学校占64.66%

数据来源：《中国学校体育发展报告》编写组. 中国学校体育发展报告（2020）[M]. 北京：高等教育出版社，2020：33-62.

以上数据说明，高校公共体育教学在实现学生熟练掌握体育运动技能方面仍有不足，依然存在有相当比例的学校未落实学生校内每天体育活动时间不少于1小时，学校体育场地设施与器材配置达标率不够，以及学生每周参与体育活动达到中等强度3次以上的比例严重不足。虽然《国家学生体质健康标准》达标优秀率未有体现，但从《国家学生体质健康标准》执行情况也能反映出，仍有部分学生的体质健康状况游离于国家监测之外。所以说，在外部环境改变给人类健康带来新威胁、人民生活水平提高对健康产生新要求的背景下，当前高校公共体育教学现状与"健康中国2030"目标之间存在一定差距，这为今后深化高校公共体育教学改革，助力健康中国战略，提出了新的努力方向。

1.1.2 研究意义

《"健康中国2030"规划纲要》明确提出："加大学校健康教育力度。将健康教育纳入国民教育体系，把健康教育作为所有教育阶段素质教育的重要内容。"深化高校公共体育教学改革，是新时代不断满足学生对体育教学的期望、提高学生健康素养的重要途径，是全面实施素质教育、促进学生全面发展、加快推进教育现代化的必然要求，是建设健康中国、全面提升国民健康素质的重要内容。在这一状况下，以陕西省为例探究健康中国战略下普通高校公共体育教学改革的现状和存在问题，并通过原因剖析提出有建设性的对策建议具有重要的理论和实践意义。

1. 理论意义

促进健康中国战略在高校公共体育教学中的实施需要科学、系统的思想理论指导。自2017年党的十九大明确提出实施健康中国战略以来，政府相继出台了涉及学校体育的相关政策文件和行动方案，与之相关的学术研究成果也相继推出，有效推动了健康教育理论与高校公共体育教学的结合。但从实际效果来看，仍与理想状况存在较大差距。因此，本研究具有重要的理论意义。首先，本研究系统梳理了我国有关健康中国、健康教育、普通高校公共体育教学等方面的政策，并且充分借鉴马克思主义关于人的全面发展理论、泰勒的课程与教学理论，以及身体素养理论，形成了健康中国战略下高校公共体育教学理论分析框架，从应然层面明确了高校体育教育改革的核心要素，并与健康教育要求进行了充分融合贯通。其次，本研究基于形成的理论分析框架，对健康中国战略要求在陕西省高校公共体育教学改革中的落实情况进行了实证研究，不仅以新的内容进一步丰富了健康中国战略的相关理论，而且阐述和明确了健康中国战略在高校体育中的实施路径，进而促进了健康中国战略理论的系统化研究。最后，本研究为提炼高校公共体育教学改革的成功经验，扩展"健康第一"理念在学校教育中的应用范围，以及新时代高校体育如何贯彻实施健康教育思想、深化体育教学改革提供了系统的理论借鉴。

2. 实践意义

一方面，本研究有助于推进健康中国战略要求在我国普通高校公共体育教学改革中的落实。近年来，国家发布了一系列健康中国相关政策文件，如《"健康中国2030"规划纲要》《国务院关于实施健康中国行动的意见》《健康中国行动（2019—2030年）》《普通高等学校健康教育指导纲要》等，这些政策已成为指导我国普通高校公共体育教学改革的重要依据，并且已经进入了实际推行阶段，但在已有研究中严重缺乏对当前实际推行状况的系统实证分析。因此，本研究通过问卷、访谈、观察和案例分析等方法对当前高校公共体育教学中出现的实际问题进行调查研究，无疑有助于有效解决健康教育推进过程中的种种矛盾，从而促进健康中国战略工程的发展。另一方面，本研究为各地高校推进公共体育教学改革工作提供了有益思考和具有可操作性的意见。各地各高校公共体育教学在落实健康中国战略建设要求、提升学生身体健康素质方面做了大量工作，取得了积极进展，但仍然存在健康教育覆盖面不广、针对性不强、管理措施落实不到位等问题，而难以突破的根本原因在于缺乏科学、系统、有效的实证研究指导。因此，开展本研究有助于高校公共体育教学工作的不断改善，并对健康中国战略下高校公共体育教学改革提出富有实践价值的建议。

1.2 研究综述

任何一项研究的开展都必须建立在对以往研究成果继承和扬弃的基础之上，通过对已有研究的梳理、分析和评价，既可以明晰当前研究的成效与不足，从而为本研究提供科学坚实的研究基础和空间，又可从中提取和形成开展研究的创新视角和分析框架。本研究主要通过梳理关于高校体育和国民健康关系的研究、关于新时代普通高校公共体育教学改革的研究，以及关于健康中国战略下高校公共体育教学改革的研究三个层面，来确定后续研究空间和可能方向。

1.2.1 关于高校公共体育和国民健康关系的研究

健康是人类生存的最基本需要，是人全面发展的基础，也是一切经济发展和社会活动的前提和保障。国民健康则是一个国家软实力的重要组成部分，是人力资本的支撑，其与教育有着密不可分的联系。高校体育在促进学生身心健康发展、提高综合素质水平方面具有重要的、不可替代的作用。因此，要明确健康中国战略下高校公共体育教学改革的研究起点和旨归，就必然要首先厘清高校体育和国民健康之间的内在逻辑关系和外在表征。

从国际上来看，21世纪以来，西方许多国家的经济与社会发展达到了较高水平，但与之相伴随的青少年体质健康问题也较为突出。2007年，由英国伍斯特大学的肯·哈得曼教授主持完成的《"欧盟"学校体育现状与展望》研究报告对27个欧盟成员国的学校体育状况进行了评估，并正式向欧洲议会文化教育委员会提交，着重提出要发挥学校体育的资源优势，应对学生体质健康问题，帮助师生形成健康的生活习惯和运动意识。法国卫生部和教育与技能部也在2006年资助法国青年体育协会实施"让学校动起来"（SOTM）项目，它对提高体育活动的有趣性，引导学生、教师意识到体育活动对于增强健康的重要性具有积极的作用。①在美国，多数普通高校没有设置必修体育课程，选修体育课程、娱乐性健康体育课程是他们开设的主要体育课程类型，因此体育教学没有被列为其学校体育的一个大类别，而是列入了类似我国课外体育（或称群体活动）的类别之中，如哥伦比亚大学的健康计划中就包括选修体育课、俱乐部体育、体育竞赛等，哈佛大学、普林斯顿大学、康奈尔大学、俄勒冈大学、宾夕法尼亚大学等高校均将健康锻炼计划纳入到校园娱乐体育中。②

从国内来看，新中国成立初期，确立了体育教学要达到增强身体素质、培养爱国精神，进而为社会主义乃至共产主义服务的目标，因此应重点给学生传授系统的运动技术。改革开放初期，有学者明确提出"竞技体育不是体育"的观点，③随后学界就展开了关于竞技体育和教育中的体育之间概念的激烈争论。如有的学者提出体育教学的根本在于"增强体质"④，吴翼鉴也认为"体育就是发展身体的教育，是增强体质的教育"⑤，而卢元镇提出相反的观点，其认为"竞技体育对于造就现代化的人具有积极作用，象征着体育教育的进步"⑥。进入20世纪90年代，学校体育界就"育人还是育体"又展开了激烈的争论，同时这一时期国外出现的多元化学校体育思想也开始进入我国，快乐体育思想、

---

① 王强，王先锋.法国国家成人体育健康课程开展研究［J］.中国成人教育，2010（10）：125.
② 王静，刘凯.中美两国高校体育活动内容与分类的比较研究［J］.沈阳体育学院学报，2009，28（3）：77-78.
③ 林笑峰.世界体育科学化的动向和我们的新使命［N］.体育报，1979-07-18（2）.
④ 高晓峰，杨贵仁，陈永利，等.20世纪中后期我国体育教育主流思想叙事研究：基于王占春先生思想的分析［J］.沈阳体育学院学报，2019，38（6）：97-104.
⑤ 吴翼鉴.体育目的问题之我见［J］.体育学刊，1995，2（3）：19-21.
⑥ 卢元镇.竞技体育要理直气壮地进入学校［J］.体育科研，1995（1）：1-3.

终身体育思想、全面体育思想相继得到传播。自20世纪末21世纪初以来，从中共中央、国务院颁布《关于深化教育改革全面推进素质教育的决定》，提出学校教育要树立"健康第一"的指导思想，到习近平总书记在全国教育大会上再次指出"要树立健康第一的教育理念，开齐开足体育课"，"健康第一"思想已成为我国学校教育教学改革的重要指导理念。通过文献查询发现，当前学界关于高校体育和国民健康关系的相关研究较为分散，缺乏专门的系统研究，大多为学者们在研究相近问题时有所涉及和论述，总体来看，可将其研究取向分为以下两类。

第一，从经验理论视角出发，对高校公共体育与国民健康的逻辑关系进行论述。体育与健康的关系不言自明，即体育有助于促进健康，健康也有助于人们经常进行体育锻炼，两者之间是相互促进的关系。对于高校体育与国民健康之间的关系则主要存在两种观点。从高校体育的职能发挥来看，姚舜禹、潘书波（2018）认为新时代对高校体育职能提出了全新的要求，高校体育对提高国民健康素质的职能发挥越来越明晰，大力提高高校学生体质健康水平，促进学生全面发展，已经成为推动高校公共体育教学创新的重要目的；[①]代会莹（2020）也认为高校公共体育教学必须在提高国民健康体质、摆脱亚健康体质的道路上充分发挥自身积极作用，保证青少年的健康发展与快乐成长[②]。从国民健康的目标途径来看，康喜来、李德武（2017）认为高校体育教育专业学生健康素养水平的高低直接关系到未来更多人的健康问题，而全民健康目标得以实现，提升国民健康素养是关键，因此，高校体育教育专业是健康中国战略实施和国民健康素养水平提升的重要途径和有效平台。[③]

第二，从实践应用层面出发，对高校公共体育如何适应国民健康需要改革

[①] 姚舜禹，潘书波. 新时代下高校公共体育教学职能的拓展路径研究［J］. 当代体育科技，2018，8（35）：4.

[②] 代会莹. 高校公共体育教学中引入休闲体育运动趋势与措施［J］. 当代体育科技，2020，10（12）：183-184.

[③] 康喜来，李德武. 健康中国背景下对体育教育专业学生健康素养培养的思考［J］. 吉林体育学院学报，2017，33（4）：100-102.

进行研究。当前，学者们对于学校体育中的健康主要存在两种对立的观点。其一是从体质角度来看，认为学校体质健康教育就是要使学生掌握体质健康的知识、技能和手段，并且养成良好的生活习惯和健身习惯，并且需要学校、家庭和社会形成合力，而学生体质的下降正是由于学校、家庭、社会，特别是学生中存在认知和行动的冲突，因此要着重建立针对学生体质健康目标的泛教育方法学体系。①在这种认知下，体质健康成为体育健康的全部，而忽略了心理和文化层面的健康，从而具有一定的局限性。其二是学校体育就是健康教育的理念认识。由于新课程标准中并没有明确指出落实"健康第一"理念的方法途径，使得有学者将"放羊式教学"在体育课中的运用视为自由而有规则的教育理念，能够有效规避各种风险。这种健康理念在方法论上存在一定的误区，为学生体育的风险提供了规避的借口。鉴于此，有学者认为我国大众体育事业正处于稳步发展阶段，体育锻炼日渐成为人们日常生活的重要行为方式，因此在这种背景下高校体育要在增强学生体质、增进学生健康的基础上着重培养学生终身体育能力和意识，更新体育教育观念和体育价值观，激发学生运动兴趣与爱好，提高学生运动技能水平。②

1.2.2 关于新时代普通高校公共体育教学改革的研究

2017年10月，习近平总书记在党的十九大报告中指出"中国特色社会主义进入了新时代"。以"高校公共体育教学改革"为主题，在中国知网上检索到2016年至2021年6年间的核心期刊共94篇。笔者对这94篇文献进行深入的分析和梳理发现：文化创新和健康素养、科学人文和信息技术、教育公平和质量提升，以及课程革新和模式转型视角下的高校公共体育教学改革研究，成为近几年以来的重点研究方向。

---

① 杨贵仁. 学生体质健康泛教育论 [D]. 福州：福建师范大学，2005：7-9.
② 段爱明，李新威. 高校体育的生活化趋向及转型策略 [J]. 中南民族大学学报（人文社会科学版），2018，38（5）：177-180.

1. 文化创新和健康素养视角下的高校公共体育教学改革研究

党的十九大报告指出："坚持社会主义核心价值体系。推动中华优秀传统文化创造性转化、创新性发展，继承革命文化，发展社会主义先进文化。"汤凯（2016）认为传统文化对指导高校公共体育教学活动具有指导意义，"茶学思想"在高校公共体育教学中的应用不仅仅是帮助高校体育教师在教学中进行创新，同时也让高校体育教师们感受到了体育教学的乐趣，提升体育教师们的职业幸福感，更使学生享受到体育学习的过程；①雷建（2019）提出在中华优秀传统文化中，民族体育文化是一个不可或缺的部分，它可以对我国高校的体育教育改革起到积极的促进作用，并认为胡英清的《学校体育教学改革与发展研究》一书从民族体育文化的视角，很好地将我国的民族体育文化与高校体育教育工作进行紧密的结合，使体育课程也可以与高校的其他学科进行合理结合，帮助其与人文学科的联系，提高民族文化对高校教育事业的服务功能；②有的学者则更为注重体育文化与健康素养培育相结合的高校公共体育教学改革，其在《体育文化与健康教程》一书中坚持"健康第一"的教育理念，以提高学生的身心健康与文化素养为宗旨，不仅介绍了民族传统体育文化，充分挖掘民族传统体育的健身与娱乐价值，更将传统保健与现代医学、传统体育与现代体育有机融合，以强化学生的体育与健康意识、提高学生的体育能力。③

2. 科学人文和信息技术视角下的高校公共体育教学改革研究

科学人本主义教育思想强调以人为本，关注人们的情感体验等，其精髓就是科学主义教学思想。"科学人本主义"是一种人道主义，其目的主要是关心人民的福祉，它是科学的，因为人道主义的内容是通过人们的科学知识与世界知识领域不断发展而实现的。所谓"人本"体育教学即全面贯彻以人为本为思想

---

① 汤凯. "茶学思想"在高校公共体育教学中的应用研究［J］. 福建茶叶, 2016, 38（2）: 187-188.

② 雷建. 民族体育文化与高校体育教育发展研究——评《学校体育教学改革与发展研究》［J］. 中国高校科技, 2019（9）: 106.

③ 黄建团. 注重体育文化与健康素养培育相结合的高校公共体育教学改革——评《体育文化与健康教程》［J］. 教育与职业, 2020（16）: 114.

的体育教学。"人本"体育教学以人的存在和全面发展为理论基础，以逻辑为前提和出发点，观察和评估体育教学质量的基础。周兵（2016）认为"以教师对学生的尊重为基础，这样才能实现体育教学中对科学人本主义的实践，达到体育教学的美与和谐"①。同时，伴随着计算机和网络等媒体技术的普及，其对各大高校的体育教学产生了极大影响，而探索利用多媒体技术进行体育教学的新途径，已成为各大高校公共体育教学研究的新方向。朱福军（2017）认为提高高校教师在体育教学中运用多媒体技术授课的能力，使其能在体育教学授课中充分考虑学生实际情况，可以使原来枯燥的体育课堂教学内容变得丰富多彩，以有利于学生发展为原则进行科学的体育教学；②姜玉红（2018）提出要"借助移动终端的便携性、移动网络的便捷性和移动应用的广泛性等特点，在高校体育的理论和实践教学之中融入室外性和实践性"，而要实现这一目标不仅需要教师不断提升信息和专业素养，以及教学软硬件熟练掌握能力，而且要求学生积极地适应移动教学的学习方式，从而促进高校体育教育的生态化演进；③李薛、韩剑云、孙静（2019）则全面地梳理了高校公共体育教学信息化建设的现状、问题与解决策略，从多个角度分析并探讨了现代教育技术革新与体育教学改革之间的关系，并从理论层面进一步探索了体育信息化教学的理论前提、实践路径、制度规范以及创新拓展方向；④吴昊（2021）提出在互联网和信息技术高度发达的时代背景下，深入研究以"互联网＋"为平台的高校民族传统体育教学革新具有重要意义，他认为当前"互联网＋"背景下高校民族传统体育教学存在意识不强、素质总体不高、教材建设和课程教学滞后等问题，强调要

---

① 周兵. 科学人本主义对我国高校公共体育教学改革的启示——评《美与和谐的体育教学》[J]. 中国教育学刊，2016（7）：120.

② 朱福军. 多媒体技术在高校公共体育教学中应用的探索——评《中国高校体育改革回顾与展望》[J]. 中国教育学刊，2017，（2）：118.

③ 姜玉红. 移动互联网场景下的高校公共体育教学改革研究[J]. 西南师范大学学报（自然科学版），2018，43（12）：178-184.

④ 李薛，韩剑云，孙静. 现代教育技术革新下高校公共体育教学研究[M]. 北京：中国纺织出版社，2019.

增强文化引领、建设高素质的教学师资队伍、开发适合海内外应用的教材、加强微课教学设计等。①

3. 教育公平和质量提升视角下的高校公共体育教学改革研究

促进教育公平、提高教育质量，是本世纪以来党和国家发展教育事业的重要目标和举措，教育公平和质量本身也会伴随着时间推移和地域转变而被赋予不同的历史特征与时间地域特点，高校体育作为教育的重要组成部分，其在进行教学改革过程中也同样面临着公平与质量的问题。韩新英（2016）通过对普通高校体质弱势学生群体的体育教学进行研究发现，这一群体的体育教育在教育起点、教育过程、教育结果等方面存在不公平现象，并体现在课程设置有失公平、教学内容选择范围小、教学评价方式偏离公正性、体育师资薄弱及场地器材配置不足上，针对这一状况，她提出要完善学校体育教育监督机制，设置专门化、多样化的体育教学内容，制定客观、符合学生实际的体育教学评价体系，加强体育保健师资队伍建设，加大体育场地设施投入，建立学生体质健康档案，制定"运动处方"等建议措施。②鲁丽（2019）认为新型城镇化要求重视人们的精神文化建设，而体育是精神文化建设的重要组成部分，因此高校作为体育教学的重要基地，教学系统的科学性和完善性直接影响到教学质量和学生体育技能及习惯，在城镇化背景下探索高校公共体育教学改革策略有重要意义，并针对当前高校公共体育教学改革中存在的诸多问题，提出创新教学目标、完善教学内容形式、加大设施建设力度、重视教师队伍建设、促进高校公共体育教学与新型城镇化建设的联动效应等举措，从而实现体育教学改革与新型城镇化建设的有机融合。③

---

① 吴昊. "互联网+"背景下高校民族传统体育教学改革研究［J］. 教育理论与实践，2021，41（24）：58-60.

② 韩新英. 教育公平视角下高校体质弱势学生群体的体育教学改革［J］. 体育文化导刊，2016（10）：134-137.

③ 鲁丽. 新型城镇化背景下高校公共体育教学的改革探索［J］. 教育理论与实践，2019，39（21）：62-64.

4. 课程革新和模式转型视角下的高校公共体育教学改革研究

其一，从课程革新层面看，杜进荣（2016）认为网球课是高校体育教育专业的主要课程，对我国培育优秀网球人才、推进网球运动发展发挥着重要作用，因此他针对当前我国高校体育教育专业网球课教学改革的现状和问题，提出要加强网球教师队伍建设、改善网球教学硬件设施、优化网球课堂教学内容、改进网球教学手段方法；①秦玉峰、郭洋波（2016）则从泰勒和派纳的课程与教学理论出发，针对当前我国体育项目数量较少、教学内容存在重复现象、学生的主体地位得不到真正体现，以及体育课程与教学评价比较单一等问题，提出应借鉴泰勒理论与派纳理论，促进我国普通高校体育课程与教学改革；②张莹（2016）以重庆科技学院体育健康课教学改革为例，对重庆高校体育课程开展现状进行了分析，从而依据国家新教改方案对学校课程设置、课程内容及学分学时分配、课程考核评价进行了修改；③张路等（2020）以山西省高校为研究对象，提出其公共体育课程教学中主要存在课程设置不合理、教学水平低、师资匮乏和教学水平差、场馆建设投入经费不足，以及教师待遇难以得到保障等问题，若要全面提升山西省高校公共体育课程教学的质量，就必须从优化课程设置、提升教师教学能力、加强师资队伍建设、加大场馆建设经费投入、保障公共体育经费和学校教育事业经费同步增长等方面着力；④蔺麒、吴迪、袁春杰（2021）则从"体育生活化"理念出发，强调体育与生活的自然融合，提出要进行高校体育课程"生活化"改革，这既是高校自身体育教育模式发展的需要，又是新时代个体全面发展和自我价值实现的需要，并从教学指导思想、课程体系和

---

① 杜进荣.浅谈高校体育教育专业网球课教学改革现状及其对策[J].山东社会科学，2016，（S1）：332-333.

② 秦玉峰,郭洋波.让泰勒与派纳携手——对我国普通高校体育课程与教学改革的思考[J].黑龙江高教研究，2016，（6）：139-141.

③ 张莹.教育"核心素养"理念下的高校体育课程改革——以重庆科技学院体育健康课教学改革为例[J].西南师范大学学报（自然科学版），2016，41（10）：173-176.

④ 张路，丁金，康栩烨，等.山西省高校公共体育课程教学改革研究[J].教育理论与实践，2020，40（9）：59-61.

内容、课程教学目标和评价体系三个方面提出了实现"生活化"的现实路径。①

其二，从教学模式转型来看，孙成林、杨甲睿（2017）对普通高校体育专业理论课程教学模式改革进行了探索性研究，结果发现相较于传统教学模式而言，"参与式行学研"教学模式旨在提供一个民主的、开放式的、参与式的教学环境，在教学理念、教学方法、教学手段、学习方式等方面与其他模式相比有着显著的不同，并提出普通高校体育专业理论课程采用"参与式行学研"教学模式是合理的和可行的；②丁海洋、钱芳斌（2018）则以"全程育人"理念为导向，对公共体育教学改革进行了探讨，提出了实施递进式公共体育教学改革的三个措施，即打造"2+1+1"模块化教学、实施第二课堂教学、推进深度发展教学；③黎桂华（2019）认为高校在开展体育教学活动过程中应致力于培养学生的自主学习能力，而互动式教学法作为当前较为先进的教学理论，能够有效推进体育教学发展进程，建议要强化师生之间的认知互动，加强师生合作效果和体育教学的有效性，真正实现师生认知领域的充分、有效互动；④张彦（2020）则通过研究发现实施运动处方教学模式对淡化传统教学活动中的竞技色彩，融进体育技术、健康教育、健身锻炼，让学生更好地掌握科学的锻炼方法，提高大学生的身心健康水平，培养其良好的运动习惯，以及促进普通高校公共体育教学模式改革具有重要意义，并建议在高校体育理论课中，要多考虑学生心理因素，注重传授学生体育的目的和方法，使其转变观念，培养出终生体育运动意识、习惯。⑤

---

① 蔺麒，吴迪，袁春杰."体育生活化"与高校体育课程改革[J].广州体育学院学报，2021，41（4）：104-106.

② 孙成林，杨甲睿.普通高校体育专业理论课程教学模式改革探索[J].沈阳体育学院学报，2017，36（5）：88-96.

③ 丁海洋，钱芳斌."全程育人"理念下递进式公共体育教学改革思考[J].体育文化导刊，2018（5）：103-107.

④ 黎桂华.体育互动式教学方法探究——评《体育教学策略与设计》[J].中国教育学刊，2019（4）：148.

⑤ 张彦.运动处方理念下普通高校公共体育教学模式改革研究[J].高教探索，2020（12）：40-43.

1.2.3 关于健康中国战略下高校公共体育教学改革的研究

2016年8月，习近平总书记在全国卫生与健康大会上发出了"把人民健康放在优先发展的战略地位"的宣言。健康中国战略的观念定位也已经上升到整体性、全局性的人民健康观。在这一背景下，既要以健康中国战略为指引重新审视高校体育课程的目标指向和发展路径，也要将高校体育确定为促进健康中国战略有效实现的坚实保障。为全面了解和厘清健康中国战略下高校公共体育教学改革的研究状况，以"健康中国战略"和"体育教学"为篇名关键词，在中国知网上进行高级检索，共检索到相关文献73篇，其中学术期刊72篇、硕士论文1篇。具体来看，已有研究成果主要集中在高校公共体育教学理念与目标、问题与对策、模式与方法、评价与比较等方面。

1. 健康中国战略下的高校公共体育教学理念与目标研究

理念目标是实施高校公共体育教学改革的基本依据和前进方向。张豪、杨管、李显国（2018）通过对新中国成立以来的学校体育教学思想发展历程进行梳理后认为，"健康第一"思想主要针对学校教育提出，而学生健康并不是体育教学的全部，体育教学应该在不同教育阶段展现出具有针对性的指导性思想，因此素质教育下的"终身体育"和"健康第一"思想应继续主导未来我国学校体育的发展；①邹红（2018）阐述了健康中国战略背景下普通高校实施体育教学改革的目标思路，即要转变体育教学思想，更新体育教学观念，实施"运动处方"教学模式，实施课外"运动干预"，实现课内外体育的"整体化"；②贾健（2019）也提出了健康中国战略背景下我国高校体育课程改革的目标思路，即从大方向的教学思想和观念的改革到具体的教学内容、方法、评价等方面的革新，促使大学生形成正确的体育观念，养成良好的体育核心素养，获得"终

---

① 张豪，杨管，李显国. 健康中国战略背景下学校体育教学指导思想的再思考［J］. 体育科技文献通报，2018，26（5）：146-148.

② 邹红. 健康中国战略背景下普通高校公共体育教学改革的理论研究［J］. 当代体育科技，2018，8（25）：83.

身体育"的能力;①张程、陈红霞(2019)认为体育价值是指体育能满足人类生活、发展、享受、需求的特定作用关系,构建体育价值体系将有效促进健康中国的普及,而这一价值理论体系主要包括以人作为体育活动的主体,以健康为目的,以体育过程体验、自主学习为引导方向,以完善的体育教育水平及设施为基础,以因材施教为个性化教学方式;②杨兵(2021)也认为要促进大学生形成终身体育观念、具备终身体育能力,以及培养大学生的体育核心素养,并以此作为高校公共体育教学改革的目标。③

2. 健康中国战略下的高校公共体育教学问题与对策研究

问题与对策研究既是探究当前高校公共体育教学改革所存在突出问题的重要方式,又能够为改进高校公共体育教学实际状况提供最为直接的策略,同时也是学者和实践工作者们最为关心的话题。

一方面,从存在的突出问题上看,当前健康中国战略下的高校公共体育教学改革总体上存在教学观念落后和目标模糊、教学内容陈旧、教学模式固化单一、师资力量薄弱、教学设施不健全、教学评价不完善等问题。如张志坤(2019)通过对河南省普通高校公共体育教学俱乐部发展状况进行研究发现,学生进行体育锻炼的意识和运动参与观念不强,体育教学人员队伍建设薄弱,专业体育科研教师人数较少,对健康中国政策认识和落实不足,体育教学课程设置传统,没有根据健康中国的要求从根本上解决学生掌握一门专项运动技术,没有形成独特的体育文化去吸引学生积极地参与到体育运动中来,以及体育场地器材的设置不能满足体育教学发展需要等问题较为突出;④柴华(2019)以内蒙古师

---

① 贾健. 健康中国战略背景下普通高校公共体育教学改革理论研究 [J]. 体育科技, 2019, 40 (4): 147-148.

② 张程, 陈红霞. 健康中国战略下高校公共体育教学价值体系理论研究 [J]. 产业与科技论坛, 2019, 18 (5): 158-159.

③ 杨兵. 健康中国引领公共体育教学改革培养学生终身体育意识 [J]. 渤海大学学报(哲学社会科学版), 2021, 43 (4): 98-101.

④ 张志坤. "健康中国2030"背景下河南省高校公共体育教学俱乐部的发展对策研究 [D]. 长春: 吉林体育学院, 2019.

范大学为例，提出公共体育教学主要存在体育教学与课外体育活动脱节、健康教育开展滞后、不能满足学生的体育健身需求、体育教学评价单一、影响学生体育学习效果等问题；①黄易（2021）认为我国高校公共体育教学存在课程教学目标落实不到位、缺乏终身体育意识培养、学生学习的自觉性有待进一步提高等问题。②

另一方面，从对策建议来看，栗元辉（2017）认为高校公共体育教学应以健康中国战略目标为指导，转变教学观念，提高教师自身素质，改革课程设置和评价体系，培养学生的健康意识和锻炼习惯，进而提高学生的体育综合素质；③李毅（2018）则认为要达到《"健康中国2030"规划纲要》的目标，依然需要体育工作者创新工作方式，研究工作方法，以医学和教育的理论为指引，发挥体育教师的主观能动作用，这样才能更快更好地为大众健康的促进作出更大的贡献；④浑涛（2021）则提出要促进体育课程及教学模式的多元化，以及学生个性化成长，注重体育课程的实用性，加强课外活动引导，促进考核评价的科学化及合理化等建议；⑤高军（2021）以健身健美课程为例，提出要进行公共体育教学改革，必须认真学习健康中国相关文件精神，将其"润物细无声"地融入课堂教学中，提升教师专业素养和职业使命感，明确课程目标和教学改革重点，关注课程思政和终身体育教育，重视教学研究、效果和评价，根据具体情况适时调整与改进等。⑥

---

① 柴华."健康中国2030"背景下高校公共体育教学改革研究——以内蒙古师范大学为例［J］.赤峰学院学报（自然科学版），2019，35（8）：109-111.

② 黄易.健康中国背景下高校公共体育教学改革——以咸阳职业技术学院为例［J］.陕西教育（高教），2021（4）：31-32.

③ 栗元辉.健康中国战略视角下高校公共体育教学发展研究［J］.教育理论与实践，2017，37（18）：60-61.

④ 李毅.论学校体育在健康中国战略中的作用展现［J］.体育世界（学术版），2018（1）：133+122.

⑤ 浑涛."健康中国建设"背景下高职体育教学创新策略探究［J］.湖北开放职业学院学报，2021，34（20）：7-9.

⑥ 高军.健康中国引领下的公共体育教学改革策略——基于健身健美课程的视角［J］.嘉兴学院学报，2021，33（6）：104-108+124.

3. 健康中国战略下的高校公共体育教学模式与方法研究

从教学模式来看，体育教学模式是从教学模式派生出来的。"体育教学模式的本质，就是体育教学模式组织和调控体育教学活动，它以一种成熟的理论指导实践，同时又以大量的实践经验丰富理论，是理论与实践的中介和桥梁。"①尹俊卿（2017）认为教学模式创新包含"创新教学观念、课程设置、教学设施、评价体系等四个方面，从而满足当前大学生对体育运动的个性化需求，进而培养学生树立正确的健康观念，增强学生身体素质，进一步推动高校体育教育发展"②；林成亮（2017）认为传统的教学模式过于注重教师在教学中的主体地位，教师只是根据教材的内容对学生进行传授，学生则被动接受教师灌输的知识，这导致在教学过程中，教师忽略了学生的感受，没有充分地了解学生的爱好、兴趣和内心健康需求，没有重视对学生健康能力以及综合素质的培养，因此健康中国战略下创新高校公共体育教学模式应从教学目标多元化，教学内容休闲化、现代化，教学组织形式弹性化，教学方法多样化，加强健康能力培养五个方面来实施。③从教育方法上来看，周明娟（2019）则认为创新教学方法有利于激发学生的积极性和主动性，提高学生掌握运动技能的效率，增强学生体质。然而，当前高校中仍然存在教学方法陈旧，"满堂灌"等以老师讲解为主的方式，方法单一且枯燥，难以激发学生的参与主动性，不利于养成良好锻炼习惯。④

4. 健康中国战略下的高校公共体育教学评价与比较研究

赵效江、李长青（2018）认为体育教学评价就是学校体育教学的主要组成部分，并以健康中国战略为背景，以素质教育为核心，从对体育教学评价功能的基本认识、体育教学评价的主要内容、体育教学评价的基本方式等方面对高

---

① 熊艳. 我国普通高校健美操"运动教育模式"的理论构建与实证研究 [D]. 北京：北京体育大学，2013.

② 尹俊卿. 浅谈健康中国背景下高校公共体育教学模式的创新 [J]. 高考，2017（27）：282.

③ 林成亮. 健康中国背景下高校公共体育教学模式创新研究 [J]. 当代体育科技，2017，7（17）：5−6.

④ 周明娟. "健康中国建设"背景下高职体育教学创新研究 [J]. 淮南职业技术学院学报，2019，19（6）：104−106.

校公共体育教学评价存在的各种问题展开全面的剖析，即存在功能认识不足、内容不够全面、方式相对单一等问题，提出要逐渐转变以往过于传统的评价理念、持续扩充评价内容、运用多种合理而又有效的评价方式的基本发展策略。①张海靖（2021）认为优化体育教学评价体系则有助于推动高校公共体育教育教学改革，当前高校公共体育教学评价存在四大问题：评价价值取向出现偏差，功利色彩较重；评价内容指标不够全面，结果认可度低；评价责任主体长期固定，经验主义泛滥；评价方式选择相对单一，忽视质性评价。鉴于此，健康中国战略背景下高校公共体育教学评价要立足终身体育理念，明确评价价值取向，紧扣身心全面发展，拓宽评价指标维度，坚持客观评价原则，创新评价主体结构，注重评价功能转化，选择多元评价方式。②

1.2.4 对已有研究的总体评价

纵观上述研究，虽然关于高校公共体育教学改革的文献较多，但将健康中国战略和高校公共体育教学改革探索相结合的研究文献鲜少。透视以上研究状况，发现存在以下几个问题。

1. 具有直接针对性的研究成果数量较少且整体质量较低

在中国知网中进行检索后发现，单独以"健康中国战略"或"高校公共体育教学"作为关键词进行检索，所得研究成果颇丰，然而同时论及两者的相关文献则寥寥无几，且文献质量整体较低，缺乏高水平、高质量的研究成果。这表明当前学界对健康中国战略下的高校公共体育教学尽管有着一定的关注，但在研究层面上仍然较为浅薄，研究偏好较为分散，并没有引起学者们的广泛重视和较强的注意力投入。一方面，由于将健康中国要求纳入高校公共体育教学改革中仍然处于实践探索和推进阶段，因此人们更多地关注实际工作如何开展，

---

① 赵效江，李长青. 健康中国战略下普通高校公共体育教学评价的困惑与思考 [J]. 赤峰学院学报（自然科学版），2018，34（3）：131-132.

② 张海靖. 健康中国战略背景下高校公共体育教学评价体系优化研究 [J]. 湖南邮电职业技术学院学报，2021，20（3）：55-58.

缺乏对其政策实施效果的深入分析；另一方面，由于相关的理论研究匮乏，从健康中国战略视角对高校公共体育教学改革进行理论创新的难度较大，且缺乏对这一问题研究的系统性，因此研究不够深入，发表刊物的层次不高。

2. 经验总结和现象描述类研究较多，缺乏系统的实证研究

从现有研究成果来看，对健康中国背景下高校公共体育教学改革的经验和现象描述类研究较多，采用调查研究、实地研究等方法来对高校公共体育教学改革状况进行实证分析，从而探究高校公共体育教学理念、目标、内容、方式、模式、评价等方面在落实健康中国战略过程中存在问题的研究成果则比较少。健康中国战略是一个政策性概念，政策的阶段性与灵活性使得其概念界限具有较大的模糊性和不确定性，这导致研究者在研究过程中更多是将健康中国作为一个研究背景，并没有真正将这一政策要求具象化，因而标语化和口号化倾向明显，难以真正将健康中国教育的理念融入到高校公共体育教学改革中。同时，由于缺乏有效的理论指导和清晰的评价指标内容，尚未形成能够对健康中国战略下高校公共体育教学改革效果进行精确、有效、合理判断的内容体系，这也是相关实证研究难以展开的关键原因之一。

3. 应然层面的论述较多，对如何在实践中落地的研究较少

健康中国战略是党和国家为提高人民健康水平而颁布实施的国家政策，是未来一段时间我国开展健康教育的纲领性指南，因而具有较强的应然性特征和理想化表征。这使得学者们在对高校公共体育教学改革进行研究的过程中常常容易对健康中国概念内涵进行泛化，并更多从价值层面对如何实现健康中国战略、高校公共体育教学应该怎么办来进行论述和分析，较少对健康中国战略中的核心要求，如"健康第一""以生为本""终身体育"等理念，以及如何在现实中顺利推进进行充分关注和研究。也就是说，在学术界，关于高校公共体育教学改革如何在实践中践行上述理念，缺乏针对行动机制的深入具体探究。由此可知，对健康中国战略下高校公共体育教学改革进行的研究处于薄弱的地位，这也是笔者选取此题目进行研究的缘由之一。

1.3 核心概念界定

概念是思维的基本形式，而思维是客观事物在人脑中间接的、概括的反映。对相关核心概念进行界定不仅是明确研究对象、厘清研究边界的必然要求，也是深入开展具体研究的前提基础，有助于透过现象探究事物的本质属性，以防有所偏离。因此，本研究对健康中国战略、"健康中国2030"、健康教育、普通高校、体育教学等相关核心概念进行了界定。

1.3.1 健康中国战略

健康中国战略是指中国共产党在新时代背景下，以提高全体人民健康水平为根本目的，以健康服务、生活健康、健康保障、健康环境、健康产业、健康支撑与保障为框架建立起来的国家战略，是我国国家战略体系中国民经济社会领域的重要内容，是我国改善和保障民生的战略部署，是全面建成小康社会，完成党的两个百年目标，实现中华民族伟大复兴中国梦的前提条件。①具有如下四个特征：一是以人民健康为中心的全民健康蓝图；二是以健康优先为理念的政策制度建设；三是以健康服务体系建设为保障的全生命周期关怀；四是以政府、社会、个人"共建共享、全民健康"为目标的发展战略。健康中国战略的本质是提升国民健康水平，这是以习近平同志为核心的党中央从长远发展和时代前沿出发，坚持和发展新时代中国特色社会主义的一项重要战略安排，必将为全面建成小康社会和把我国建成富强民主文明和谐美丽的社会主义现代化强国打下坚实健康根基。

1.3.2 "健康中国 2030"

"健康中国 2030"，即指 2016 年 10 月，中共中央、国务院发布的《"健康中国 2030"规划纲要》文件，是国家层面推进健康中国战略建设的宏伟蓝图和行动纲领，也是我国健康领域的首个中长期发展规划。《"健康中国 2030"规划纲要》明确指出："共建共享，全民健康"是建设健康中国的战略主题，《"健康

---

① 孙小杰. 健康中国战略的理论建构与实践路径研究 [D]. 长春：吉林大学，2018：13.

中国2030"规划纲要》旨在秉承"创新、协调、绿色、开放、共享"的发展理念，坚持健康优先、改革创新、科学发展、公平公正的原则，以提高人民健康水平为核心，以体制机制改革创新为动力，从广泛的健康影响因素入手，以普及健康生活、优化健康服务、完善健康保障、建设健康环境、发展健康产业为重点，坚持预防关口前移，优化健康服务体系，推行健康生活方式，把健康融入所有政策，全方位、全周期保障人民健康。《"健康中国2030"规划纲要》提出："到2030年，促进全民健康的制度体系更加完善，健康领域发展更加协调，健康生活方式得到普及，健康服务质量和健康保障水平不断提高，健康产业繁荣发展，基本实现健康公平，主要健康指标进入高收入国家行列。到2050年，建成与社会主义现代化国家相适应的健康国家。"《"健康中国2030"规划纲要》分2020年、2030年两个阶段，确立了5个方面的质性指标、5个领域13个具体量化指标的目标体系。其中质性指标及内涵包括5点：①人均健康预期寿命显著提高；②主要健康危险因素得到有效控制；③健康服务能力大幅提升；④健康产业规模显著扩大；⑤促进健康的制度体系更加完善。《"健康中国2030"规划纲要》核心指标体系如表1-2所示。

表1-2 《"健康中国2030"规划纲要》核心指标体系

领域	指标	指标内涵	2015年	2020年	2030年
健康水平	人均预期寿命（岁）	人均预期寿命，即在某一死亡水平下，某一时间某地新出生的婴儿预期存活年数的平均数	76.34	77.3	79.0
	婴儿死亡率（‰）	年内某地区未满1岁婴儿死亡人数同年出生的活产数之比	8.1	7.5	5.0
	5岁以下儿童死亡率（‰）	年内某地区未满5岁儿童死亡人数与活产数之比	10.7	9.5	6.0
	孕产妇死亡率（1/10万）	年内某地区孕产妇死亡人数与该地区活产数之比	20.1	18.0	12.0
	城乡居民达到《国民体质测定标准》合格以上的人数比例（%）	反映城乡居民体质合格程度	89.6（2014年）	90.6	92.2

续表

领域	指标	指标内涵	2015年	2020年	2030年
健康生活指标	居民健康素养水平（%）	反映居民可以获取和理解基本健康信息和服务，并运用这些信息和服务作出正确决策，以维护和促进自身健康	10	20	30
	经常参加体育锻炼人数（亿人）	反映群众体育健身意识和行动的重要指标	3.6（2014年）	4.35	5.3
健康服务与保障	重大慢性病过早死亡率（%）	30~70岁人群因心脑血管疾病、癌症、慢性呼吸系统疾病和糖尿病死亡的概率	19.1（2013年）	比2015年降低10%	比2015年降低30%
	每千常住人口执业（助理）医师数（人）	每千常住人口拥有的执业（助理）医师数量，反映健康人力情况	2.2	2.5	3.0
	个人卫生支出占卫生总费用的比重（%）	某年个人现金卫生支出与卫生总费用之比，反映个人卫生负担情况	29.3	约28	约25
健康环境	地级及以上城市空气质量优良天数比率（%）	反映空气质量	76.7	>80	持续改善
	地表水质量达到或好于Ⅲ类水体比例（%）	反映城乡生态文明建设程度的约束性指标，反映地表水质量	66	>70	持续改善
健康产业	健康服务业总规模（万亿元）	某年国家或地区经济生产的全部最终健康产品和健康劳务的价值，反映健康服务产业值	—	>8	16

再宏伟的蓝图也需要实施落地。2019年7月，国务院连发三份文件，即国务院印发《关于实施健康中国行动的意见》、国务院办公厅印发《健康中国行动组织实施和考核方案》、国务院办公厅发布《关于成立健康中国行动推进委员会的通知》。随即，健康中国行动推进委员会印发发布《健康中国行动（2019—2030年）》。至此，推进"健康中国2030"建设的总纲领、指挥部、"施工图"和"路线图"已正式确立。

本研究中的"健康中国2030"，是《"健康中国2030"规划纲要》中所指的

"健康中国2030"，而非健康中国行动推进委员会印发的《健康中国行动（2019—2030年）》，也不是各省市所实行的地方和省级"健康中国2030"政策。"健康中国2030"是党和国家的重要战略部署，它是我国在一定时期为建设健康中国制定的行动指南，包括战略目标、指导思想、目标体系、发展原则、行动纲领和指标体系等内容。

1.3.3 健康教育

健康教育是旨在帮助对象人群或个体改善健康相关行为系统的社会活动。健康教育的核心问题是通过干预活动改善个体或群体的健康行为和生活方式，是有计划、有组织、系统的行为教育过程。由于个人行为受社会习俗、文化背景、经济条件、卫生服务等多种因素的影响，因此要改变行为必须增加有利于健康所必需的条件。健康教育不仅仅是为了提高群众的医疗卫生知识水平，更重要的是树立健康的信念，采取各种办法帮助群众了解自身的健康状况，通过连续不断地学习养成健康的行为。①健康教育追求的是"知—信—行"的统一，知识是基础，信念是动力，行为是目标。健康教育的作用：一是卫生事业发展的战略举措；二是实现初级卫生保健的基础；三是一项低投入、高产出、高效益的保健措施；四是提高公民素养的重要渠道。《"健康中国2030"规划纲要》明确提出"加大学校健康教育力度。将健康教育纳入国民教育体系，把健康教育作为所有教育阶段素质教育的重要内容"，这意味着实施健康教育是落实健康中国战略的关键所在，而加强高校健康教育，则是提升学生健康素养，促进学生身心健康，使其养成文明、健康生活方式的重要途径。

1.3.4 普通高校

高校为高等院校的简称，泛指对公民进行高等教育的学校。我国《高等教育法》第六十八条规定，高校是指大学、独立设置的学院和高等专科学校，其中包括高等职业学校和成人高等学校。一般意义上所指的"高校"，与《高等教

---

① 翟向阳. 健康教育学［M］. 重庆：重庆大学出版社，2018：24-25.

育法》中高校的定义和范围相同，是"高等学校"的统一简称。本研究中所指的"普通高校"是指上述"高校"除去成人高校之外的高等学校，即包括普通本科、独立设置的本科学院、高等专科学校、高等职业学校。普通高校是狭义的"高等院校"，为了区分，我们通常称其为"普通高等院校"或"普通本科院校"，简称"普通高校"。根据教育部《2020年教育统计数据》，全国共有普通高校1270所①。本研究中的"普通高校"特指陕西省96所高校，其中"双一流"高校8所、普通本科院校49所、高等职业技术学院39所。

1.3.5 公共体育教学

公共体育教学是在教师的指导和学生的参加下，按照体育教学计划和教学大纲，由教师向学生传授体育知识、技术和技能，促进学生身体发展，增强学生体质，对学生进行共产主义思想、道德意志品质教育的过程。体育教学与其他教学相比，最为突出的特点是通过各种身体练习来进行。学生在反复练习中，通过身体活动与思维活动紧密结合来掌握体育知识、技术与技能，并获得发展身体、增强体质的实效。上述特点促使体育教学除了要遵循认识事物的一般规律（感知教材、理解教材、巩固知识、运用知识等几个阶段），还要遵循动作形成的规律、人体机能适应性规律和人体生理技能活动能力变化的规律。学生是体育教学的中心，教师是体育教学的主体，在教学中应遵循身体全面发展原则、合理的运动负荷原则、自觉积极性原则、直观性原则、从实际出发原则、循序渐进原则、巩固提高原则。体育教学是按一定计划和课程标准进行的有目的和有组织的教育过程。体育教学由教师和学生共同参与，其任务是向学生传授体育知识、技术与技能，增强其体质，培养其道德、意志、品质等。它是学校体育实现的基本形式，是体育目标的实施途径之一。本研究中的"体育教学"主要指开设大学体育公共课的普通本科高校公共体育教学，不包括体育专业的普通本科体育教学。

---

① 中华人民共和国教育部. 高等教育学校（机构）数 [EB/OL]. (2021-09-01) [2022-03-06]. http://www.moe.gov.cn/jyb_sjzl/moe_560/2020/gedi/202108/t20210831_556506.html。

1.4 研究思路与方法

本书的研究思路主要以问题为导向，遵循发现问题、分析问题、解决问题的研究逻辑展开相关研究。研究方法主要采用了文献法、问卷法、访谈法和案例分析法。

1.4.1 研究思路

本研究以马克思关于人的全面发展理论、习近平总书记关于健康中国战略和关于体育的重要论述、泰勒的课程教学理论，以及身体素养理论为理论基础，在厘清健康中国战略内涵、目标、评价标准的基础上，对照健康中国战略下高校公共体育教学发展要求，利用问卷、访谈、观察和案例分析等方法对陕西省高校公共体育教学改革状况进行实证分析，从教学目标、教学内容、教学方法和教学评价四个维度审视当前普通高校公共体育教学的发展现状与现实问题，筛查普通高校公共体育教学偏离健康中国战略的原因，继而提出"健康中国2030"视域下普通高校公共体育教学改革的对策和建议。健康中国战略下高校公共体育教学改革研究思路与路线如图1-1所示。

1.4.2 研究方法

近年来有关高校公共体育教学改革的研究有所增加，但大多数研究还浮在主观描述教学改革现象的潜层表面，抑或是对我国高校公共体育教学改革发展做普遍性的宏观叙事的研究，较少有针对普通高校公共体育教学改革的深层剖析。为更全面地了解当前健康中国战略下高校公共体育教学改革发展中的问题，本研究综合运用多种研究方法，力求做到"既见树木，又见森林"。

1. 文献法

基于研究内容和研究目的，以"健康中国2030""健康教育""体育教学"等关键词为切入点，主要查阅以下三方面的内容。一是国内外专家学者对高校

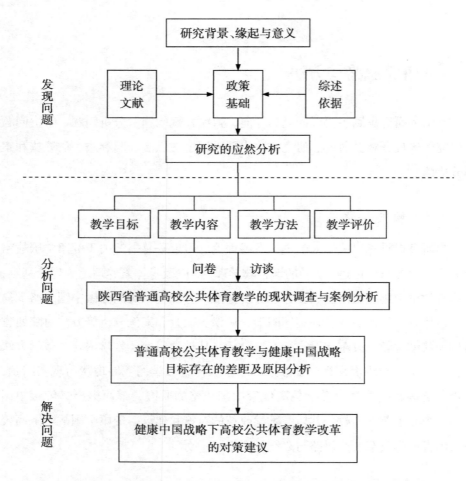

图1-1　健康中国战略下高校公共体育教学改革研究思路与路线图

公共体育教学改革发展问题的相关研究，以"健康中国战略"和"体育教学"为篇名关键词，在中国知网上进行高级检索，共检索到相关文献73篇，其中学术期刊72篇、硕士论文1篇。通过深入研读和梳理分析，学习他们在探讨高校公共体育教学改革过程中所运用的相关理论和方法，分析这些研究中的不足，以探寻本论文的研究空间和研究视角。二是现阶段我国关于健康中国战略和"高校公共体育教学"的相关政策、法规和文本。党的十八大以来，国家层面和部委层面相关的政策文本共有10个，其中国家层面4个、部委层面6个，通过对其在目标、内容、方法和评价等方面要点进行总结提炼，为后续剖析健康中国战略对高校公共体育教学改革所提出的要求奠定坚实基础，同时也为找寻当前高校公共体育教学改革中的问题提供"标准和尺子"。三是陕西省普通高校、高校体育教师以及高校学生发展的总体概况资料。收集不同层次的高校公共体育教学中的教学大纲、教案、课程等与高校公共体育教学密切相关的材料与内容，为后续的实证研究展开奠定基础。

2. 问卷调查法

为了解当前普通高校公共体育教学的真实现状，本研究拟对高校体育教师和大学生进行问卷调查。首先，面向教师和学生分别编制了《健康中国战略下普通高校公共体育教学现状调查问卷》（教师版）和《健康中国战略下普通高校公共体育教学现状调查问卷》（学生版），在进行预调查后对问卷部分问题进行了调整，从而充分保障调查问卷的信度和效度。其次，为直接获取相关一手数据，调查问卷分别向高校体育教师和学生发放，以系统掌握陕西省高校公共体育教学的实施现状。发放问卷采用的方式是通过问卷星软件平台，问卷数据收集共持续了2个月，发放的方式主要是通过电子邮件发送问卷的链接，或是以微信填答的方式发送给被访者。2021年2月至2021年8月间，共发送问卷链接781份，回收问卷711份，有效问卷数为691份。在全部发送的链接中，问卷的点击率高达98%，问卷的回收率为91%，回收的有效问卷与发放数量的比例为88%。最终收到691份有效问卷的构成：高校体育教师有效问卷207份，高校学生的有效问卷484份。最后，利用统计测度方法对调查数据进行描述性分析和因果推断分析，进而探寻其对普通高校公共体育教学现存困境的理性认知和行为偏向。

3. 访谈法

访谈法是研究者通过与被调查者面对面交谈，以口头问答的形式来了解某人、某事、某种行为态度和教育现象的一种调查研究方法。[①]本研究有针对性地选取陕西省的21名体育管理者和高校体育教师进行深度访谈，了解其对高校

---

① 杨小微. 教育研究方法［M］. 北京：人民教育出版社，2005：103-104.

公共体育教学现存问题现状、问题及原因与对策方面的一手资料。首先，根据需要编制《健康中国视域下高校公共体育教学改革访谈提纲》，分为"背景情况"和"具体项目"两部分。背景情况主要涉及被访者的姓名、职称、教龄等基本内容，具体项目则主要涉及被访者对健康中国战略下高校公共体育教学改革存在的问题、成因以及其今后发展的对策建议。访谈主要采用半开放的形式，主要目的在于了解当前高校公共体育教学改革中的真实情况以及其对某一问题的见解，以弥补问卷调查存在的不足。其次，利用1周时间对陕西省的5所"双一流"高校进行实地访谈，利用1个月的时间对10所普通本科院校教师进行实地访谈，利用半个月的时间对6所高职院校教师进行实地访谈。最后，获得受访者的原始资料后将其转化为文本资料，并进行文本分析。在本研究中，将调查问卷和访谈法互做验证和补充，以确保能够真实反映当前健康中国战略下高校公共体育教学改革中存在的问题。

4. 案例分析法

案例分析法是结合所选的具体案例来对我国高校体育在教学理念与目标、教学内容、教学方法、教学评价等方面问题进行分析，并通过借鉴前期的宏观调查分析结果给出相应的微观剖析。本研究主要以陕西省 XY 大学体育教学为例进行分析，选这所高校的原因如下：首先，XY 大学是陕西省最早实施体育教学改革，并在落实健康中国战略过程中取得较好效果的高校，有着较为丰富的行动经验，有助于探究其在推进健康中国战略下体育教学改革的先进经验，具有较强的典型性；其次，对笔者而言，选择 XY 大学在调研中有着更大的便利性，能够方便获取大量关于教学计划、课程内容等方面的丰富材料，通过分析管理者、专家、教师、学生的访谈内容，能够深入挖掘其行为背后的运行机制，剖析之所以产生相关问题的原因；最后，选择 XY 大学也有利于对其教学改革历程进行追踪研究，通过分析其在健康中国战略实施前后的变化，能够有效探究阻碍教学改革有效落实的关键因素。

1.5 研究重点与难点

1.5.1 研究重点

高校体育作为连接学校体育和社会体育的"中转站",对大学生终身体育习惯的养成、健康素养的提升,进而实现健康中国战略有着重要的作用。本书的研究重点主要有三个。第一,通过对相关国家政策文件和理论基础的梳理分析,构建一个适用于健康中国战略下高校公共体育教学改革的基本框架体系,以此确定和演绎出健康中国战略在我国普通高校公共体育教学中的应然状态,从而以此为目标和价值追求审视现实差距。第二,利用问卷调查、深度访谈、教学观察、案例分析等实证方法考察当前普通高校公共体育教学的现状,从目标、内容、方法和评价四条逻辑线索出发,厘定普通高校公共体育教学与建设健康中国战略之间存在的偏差,即当前普通高校公共体育教学现实样态和潜存问题,并结合国家宏观要求和现实实际需求,探析影响和形成上述问题和差距的多种因素和深层成因,同时通过案例分析寻求其内在行为机制。第三,在对普通高校公共体育教学改革实践活动进行反思的基础上,系统考虑主观与客观、宏观与微观、外在与内在、静态与动态等方面的制约因素条件,有针对性地提出深化健康中国战略下普通高校公共体育教学改革的建议对策。

1.5.2 研究难点

本书的研究难点主要有两个。第一,建构健康中国战略下普通高校公共体育教学改革的理论分析框架。高校体育教学改革是一个涵盖理念、目标、主体、内容、方法、模式、评价等多种环节在内的系统性活动工程,同时也是一个持续开展进行的长期过程,不能毕其功于一役,它深刻地受到不同发展阶段的主客观因素制约,这就决定了在研究中必须确定一个应然的理论分析框架。构建分析框架的核心就在于,要明确健康中国战略下高校公共体育教学与非健康中国战略下的教学活动有何不同,厘清健康中国战略要求对体育教学要素的影响与内在契合性,这就需要研究者不仅要深刻理解国家政策要求,还应寻找科学的教学理论支撑,同时又能够了解高校公共体育教学实践的实际需求,难度不言而喻。第二,对健康中国战略下高校公共体育教学改革的现状进行实证分析。高校公共体育教学改革在不同时期、不同地域、不同类型中存在着较大的差异,研究者只有根据实际状况设计出适合的研究工具,获取大量的一手数据资料,再对其进行深入细致的分类整理,才能探究出当前高校公共体育教学中存在的真正问题。这无疑需要较高的资源保障和技术支撑,研究者还要通过专门的软件对庞大的数据资料进行统计分析,以探究问题的成因和各个行动者的行为机制。所以这既是本研究的核心和重点,也是本研究的难点所在。

第 2 章　健康中国战略下普通高校公共体育教学改革的政策依据、理论基础与分析框架

健康中国战略下普通高校公共体育教学改革研究具有充分的政策依据和坚实的理论基础，要准确把握健康中国战略和高校公共体育教学改革实践，必须仔细梳理和认真总结相关的政策文件和理论观点。首先，本章归纳总结了习近平关于健康中国战略和关于体育的重要论述，国家层面和部委层面关于健康中国战略和高校公共体育教学改革相关的政策文本，从目标、内容、方法、评价等方面理解体育教学改革的实质。其次，研究了马克思主义关于人的全面发展理论、泰勒的课程与教学理论，以及身体素养理论。这些重要理论和论述对进行实证研究、分析其与健康中国战略要求的差距，以及改进建议的提出具有重要的指导作用，是整个研究过程的理论基础。最后，基于政策要求和相关理论论述，初步确定以教学目标、教学内容、教学方法、教学评价为核心要素的分析框架。

2.1 政策依据

党和国家关于健康中国战略和学校体育发展的相关政策是本研究得以展开的重要依据。总体来看，党的十八大以来，无论是习近平总书记关于健康中国战略和关于体育的重要论述，还是国家层面和部委层面相继颁布实施的一系列政策文件，都是研究健康中国战略下普通高校公共体育教学改革的政策依据。

2.1.1 习近平关于健康中国战略和关于体育的重要论述

党的十八大以来，习近平总书记从治国理政和民族复兴的角度出发，对健康中国战略和关于体育作出了一系列重要论述，形成较为系统的理论思想。这些重要论述不仅是习近平新时代中国特色社会主义思想的重要组成部分，也是全面推进健康中国战略和学校体育教育教学工作的主要指导思想，是我们研究健康中国战略下普通高校公共体育教学改革问题的重要思想来源和理论基础。

1. 习近平关于健康中国战略的重要论述

党的十九大报告明确提出要"实施健康中国战略"，首次将人民健康提高到国家战略高度。健康中国战略的提出与形成既离不开马克思主义关于人的全面发展的理论支撑，又得益于新中国成立以来历届党的领导集体对"人民至上"价值取向的继承与发展。习近平总书记对人民生命健康高度重视，发表了一系列关于健康中国的重要论述，真正将健康中国上升为国家战略，使其具有丰富的理论内涵。梳理其相关内容可归纳如下（表2-1）。

表2-1 习近平关于健康中国战略重要论述一览表

序号	要点	时间	地点	重要论述
1	把保障人民健康放在优先发展的战略位置	2016.8	全国卫生与健康大会	"要把人民健康放在优先发展的战略地位，以普及健康生活、优化健康服务、完善健康保障、建设健康环境、发展健康产业为重点，加快推进健康中国建设"
		2017.10	党的十九大	"人民健康是民族昌盛和国家富强的重要标志。要完善国民健康政策，为人民群众提供全方位全周期健康服务。"
		2020.6	专家学者座谈会	"在实现'两个一百年'奋斗目标的历史进程中，发展卫生健康事业始终处于基础性地位，同国家整体战略紧密衔接，发挥着重要支撑作用。"

续表

序号	要点	时间	地点	重要论述
		2020.9	专家代表座谈会	"加快提高卫生健康供给质量和服务水平，是适应我国社会主要矛盾变化、满足人民美好生活需要的要求，也是实现经济社会更高质量、更有效率、更加公平、更可持续、更为安全发展的基础。"
		2021.3	福建考察	"现代化最重要的指标还是人民健康，这是人民幸福生活的基础。把这件事抓牢，人民至上、生命至上应该是全党全社会必须牢牢树立的一个理念。"
2	提高医疗卫生服务质量和水平	2012.11	政治局常委同中外记者见面	"我们的人民热爱生活，期盼有更好的教育、更稳定的工作、更满意的收入、更可靠的社会保障、更高水平的医疗卫生服务、更舒适的居住条件、更优美的环境，期盼孩子们能成长得更好、工作得更好、生活得更好。"
		2016.8	全国卫生与健康大会	"新形势下，我国卫生与健康工作方针是：以基层为重点，以改革创新为动力，预防为主，中西医并重，把健康融入所有政策，人民共建共享。""这个方针的根本点是坚持以人民为中心的发展思想，坚持为人民健康服务，这是我国卫生与健康事业必须一以贯之坚持的基本要求。"
		2018.3	第十三届全国人大一次会议	"我们要以更大的力度、更实的措施保障和改善民生，加强和创新社会治理，坚决打赢脱贫攻坚战，促进社会公平正义，在幼有所育、学有所教、劳有所得、病有所医、老有所养、住有所居、弱有所扶上不断取得新进展，让实现全体人民共同富裕在广大人民现实生活中更加充分地展示出来。"
		2018.4	海南博鳌考察	"经济要发展，健康要上去。人民群众的获得感、幸福感、安全感都离不开健康。要大力发展健康事业，为广大老百姓健康服务。"

续表

序号	要点	时间	地点	重要论述
		2020.9	专家代表座谈会	"要坚持基本医疗卫生事业的公益性,坚持政府主导,强化政府对卫生健康的领导责任、投入保障责任、管理责任、监督责任。……让广大人民群众就近享有公平可及、系统连续的预防、治疗、康复、健康促进等健康服务。"
		2021.3	全国政协十三届四次会议	"广大医务工作者是人民生命健康的守护者。""广大医务工作者要恪守医德医风医道,修医德、行仁术,怀救苦之心、做苍生大医……努力为人民群众提供更加优质高效的健康服务。"
3	把体育健身同人民健康结合起来	2013.8	辽宁沈阳会见体育先进代表	"发展体育运动,增强人民体质,是我国体育工作的根本方针和任务。全民健身是全体人民增强体魄、健康生活的基础和保障,人民身体健康是全面建成小康社会的重要内涵,是每一个人成长和实现幸福生活的重要基础。"
		2016.8	全国卫生与健康大会	"要坚定不移贯彻预防为主方针,坚持防治结合、联防联控、群防群控,努力为人民群众提供全生命周期的卫生与健康服务。"
		2018.9	全国教育大会	"要树立健康第一的教育理念,开齐开足体育课,帮助学生在体育锻炼中享受乐趣、增强体质、健全人格、锤炼意志。"
		2020.9	专家代表座谈会	"体育是提高人民健康水平的重要途径,是满足人民群众对美好生活向往、促进人的全面发展的重要手段,是促进经济社会发展的重要动力,是展示国家文化软实力的重要平台。"
4	构建人类卫生健康共同体	2016.8	全国卫生与健康大会	"我们要积极参与健康相关领域国际标准、规范等的研究和谈判,完善我国参与国际重特大突发公共卫生事件应对的紧急援外工作机制,加强同'一带一路'建设沿线国家卫生与健康领域的合作。"
		2020.5	第73届世界卫生大会开幕式	"我呼吁,让我们携起手来,共同佑护各国人民生命和健康,共同佑护人类共同的地球家园,共同构建人类卫生健康共同体!"

续表

序号	要点	时间	地点	重要论述
		2020.9	全国抗击新冠疫情表彰大会	"我们倡导共同构建人类卫生健康共同体,在国际援助、疫苗使用等方面提出一系列主张。中国以实际行动帮助挽救了全球成千上万人的生命,以实际行动彰显了中国推动构建人类命运共同体的真诚愿望!"
		2021.5	全球健康峰会	"面对传染病大流行,我们要秉持人类卫生健康共同体理念,团结合作、共克时艰……让我们携手并肩,坚定不移推进抗疫国际合作,共同推动构建人类卫生健康共同体,共同守护人类健康美好未来!"

2. 习近平关于体育的重要论述

党的十八大以来,习近平总书记非常重视体育工作、关心体育事业的发展,发表了一系列关于体育的重要论述(表2-2),其中所蕴含的"体育强国""健康第一""全民健身""体教融合"等理念成为指导我国体育事业发展的重要思想。尤其值得一提的是,习近平总书记运用哲学思维谋划体育改革,系统阐述了体育改革的目标设定、时间路线、重点难点和突破口,以及推进路径等。如习近平总书记在会见第31届奥运会中国体育代表团时提出要"加快推进体育改革创新步伐,更新体育理念,借鉴国外有益经验,更好发挥举国体制在攀登顶峰中的重要作用,更好发挥群众性体育在厚植体育基础中的重要作用,为我国体育事业发展注入新的活力和动力"①,充分体现出体育改革中理念先行思想,充分将"加强顶层设计"与"摸着石头过河"有效结合起来,探索体育改革综合治理之道。

---

① 习近平会见第31届奥运会中国体育代表团[EB/OL].新华网,2016-08-25.

表 2-2 习近平关于体育的重要论述一览表

序号	要点	时间	地点	重要论述
1	体育促进人的全面发展	2013.8	会见全国体育先进代表	"体育是社会发展和人类进步的重要标志,是综合国力和社会文明程度的重要体现。体育在提高人民身体素质和健康水平、促进人的全面发展,丰富人民精神文化生活、推动经济社会发展,激励全国各族人民弘扬追求卓越、突破自我的精神方面,都有着不可替代的重要作用。"
		2014.8	看望南京青奥会中国体育代表团	"少年强、青年强则中国强。少年强、青年强是多方面的,既包括思想品德、学习成绩、创新能力、动手能力,也包括身体健康、体魄强壮、体育精神。"
		2017.8	会见全国体育先进代表	"加快建设体育强国,就要坚持以人民为中心的思想,把人民作为发展体育事业的主体,把满足人民健身需求、促进人的全面发展作为体育工作的出发点和落脚点,落实全民健身国家战略,不断提高人民健康水平。"
		2021.3	在福建考察调研	"人民至上、生命至上。人民的幸福生活,一个最重要的指标就是健康。健康是 1,其他的都是后边的 0,1 没有了什么都没有了。"
2	推动全民健身和全民健康深度融合	2016.8	全国卫生与健康大会	"要倡导健康文明的生活方式,树立大卫生、大健康的观念,把以治病为中心转变为以人民健康为中心,建立健全健康教育体系,提升全民健康素养,推动全民健身和全民健康深度融合。"
		2016.8	会见奥运会中国体育代表团	"希望同志们充分认识体育对提高人民健康水平的积极意义,落实全民健身国家战略,普及全民健身运动,促进健康中国建设。"

续表

序号	要点	时间	地点	重要论述
3	深化体教融合促健康发展	2018.9	全国教育大会	"培养德智体美劳全面发展的社会主义建设者和接班人,要树立'健康第一'的教育理念,开齐开足体育课,帮助学生在体育锻炼中享受乐趣、增强体质、健全人格、锤炼意志。"
		2020.4	中央全面深化改革委员会第十三次会议	"深化体教融合促进青少年健康发展,要树立健康第一的教育理念,推动青少年文化学习和体育锻炼协调发展,加强学校体育工作,完善青少年体育赛事体系,帮助学生在体育锻炼中享受乐趣、增强体质、健全人格、锤炼意志。"

3. 习近平关于健康中国战略和关于体育相关论述对高校公共体育教学的影响

深化高校公共体育教学改革是推进健康中国战略和体育事业发展的重要途径和关键手段,习近平关于健康中国战略和关于体育的相关论述为新时代高校公共体育教学改革提供了思想指导。

(1)坚持"健康第一",以"大健康观"推进高校公共体育教学改革。

习近平总书记十分重视青少年学生的身心健康发展,在其相关论述中多次提出"健康第一"的理念。早在2014年,习近平就强调 "少年强、青年强则中国强",要求青少年"既把学习搞得好好的,又把身体搞得棒棒的"。①没有健康的身体,也就谈不上青年学生的全面发展了,因此高校公共体育教学改革要始终将"健康第一"放在提升学生综合素养的第一位,通过体育课程教学来帮助大学生树立"健康第一"的理念,并将其融入健康文明生活方式的养成过程中。习近平总书记所提出的"健康第一"理念,在实质上是围绕"大健康观"对我国学校体育教育所提出的要求。这里的健康不仅包括学校中所有学生的身心健康,还包括教学环境、管理制度和校园文化等方面的科学建设,这就要求在高校公共体育教学改革中要转变已有的传统体育观念,创新体育教学目标和

---

① 习近平总书记对青年的那些寄语:少年强青年强则中国强[EB/OL].新华网,2015-05-04.

理念，营造有利于青少年健康生活习惯和锻炼方式养成的教学环境。

（2）深化健康教育认识，全面挖掘高校体育课程育人因素。

习近平总书记在论及高校思想政治工作时强调"要用好课堂教学这个主渠道"，通过对高校体育课程内容中健康教育要素的深入挖掘，能够起到较高的育人效果。第一，高校在进行体育课程教学过程中，首先要弄清楚体育教育工作要"培养什么人、怎样培养人、为谁培养人"这一根本问题，要明确党对高校公共体育教学工作的领导地位，充分将习近平总书记关于健康中国战略和关于体育等方面的重要论述融入高校体育课程教学中，努力办好人民满意的体育教育。第二，高校公共体育教学改革要做到体育课内课外一体化，不仅要充分发挥常规课堂教学在知识技能传授中的作用，而且要大力开展课外体育文化宣传、运动健康知识讲座、群体竞赛活动、体育单项协会和俱乐部等活动，利用现代网络技术，传播体育文化精神，使学生能够通过课内课外和线上线下等多种渠道和途径提升文化素养、涵养体育品格。第三，高校要通过多种课程教学方式培养学生的终身体育锻炼习惯。健康教育的育人目标是要使学生都能够养成自觉、主动、积极的身体运动习惯，具有良好的健康活动素养和文化品质，以及受益终身的健康科学的生活锻炼方式。因此，只有在高校公共体育教学改革中，形成课程育人课内课外一体化、分层教学因材施教化、特色项目个性化、教学训练系统化和常规化，学生们才能真正掌握运动技能和健康素养，养成健康的生活方式和锻炼习惯。①

（3）高度重视师资队伍建设，提升高校公共体育教学保障水平。

习近平总书记在全国教育大会上明确提出要"开齐开足体育课"，而高校体育师资队伍建设水平直接关系着课程教学能否得到充分的保障。2018年，习近平总书记在北京大学考察时强调："教师队伍素质直接决定着大学办学能力和水平。"因此，要想充分落实开足课程的要求，就必须配齐配全专业能力高、育人素养好的师资队伍。第一，要激发和培养体育教师实现价值自觉。高校体育教

---

① 俞海洛，方慧，刘洋，等. 习近平新时代关于体育的重要论述对普通高校 体育教学改革的启示［J］. 体育学刊，2020，27（5）：76-81.

师不仅要充分认识到其工作的专业性和独特性,而且要具有坚定的价值立场,通过体育教育更好地服务学生、学校和社会。第二,要通过营造尊师重教的良好社会氛围提升体育教师地位。"深化国家相关政策文件精神落实,建立体育教师工资待遇保障长效机制,依法保障体育教师的工资待遇与其他任课教师等同。"①同时,要维护体育教师的职业尊严和政治地位,发挥舆论引导作用,提升体育教师职业认同感与成就感。第三,要创造条件促进体育教师全面发展。高校体育教师要紧跟体育学科发展前沿,积极开展跨学科学习,提高知识素养,更好地培养学生终身体育锻炼习惯;要因材施教,循循善诱,激发学生体育学习的内在潜能。②

2.1.2 国家和部委层面的相关政策文件

政策文件是指导高校公共体育教学改革的重要基础。2016—2021 年,国家先后共发布了 10 个相关政策文件(国家层面 4 个、部委层面 6 个),用以指导健康中国战略和高校公共体育教学改革相关工作的开展(表 2-3),其中《关于强化学校体育促进学生身心健康全面发展的意见》《"健康中国 2030"规划纲要》《体育强国建设纲要》《关于全面加强和改进新时代学校体育工作的意见》等从国家顶层设计为健康中国战略推进和高校公共体育教学改革描绘了蓝图、指明了方向;《高校体育工作基本标准》《国家学生体质健康标准》《普通高等学校健康教育指导纲要》《关于全面加强和改进新时代学校卫生与健康教育工作的意见》等文件,则针对健康中国战略发展要求,从学生体质健康、学校卫生与健康发展角度,对高校公共体育教学改革做了详尽规划与部署。

---

① 学校体育工作条例[EB/OL]. 中华人民共和国中央人民政府网,2017-03-01.
② 郑继超,董翠香,董国永. 习近平教师重要论述引领新时代体育教师发展的策略研究[J]. 体育学研究,2021,35(6):18-24.

表 2-3 关于健康中国战略和普通高校公共体育教学改革的政策文件

政策层面	序号	时间	发文单位	政策名称
国家层面	1	2016.5	国务院	《关于强化学校体育促进学生身心健康全面发展的意见》
	2	2016.10	中共中央、国务院	《"健康中国2030"规划纲要》
	3	2019.9	国务院	《体育强国建设纲要》
	4	2020.10	中共中央、国务院	《关于全面加强和改进新时代学校体育工作的意见》
部委层面	5	2014.4	教育部	《学生体质健康检测评价办法》
	6	2014.6	教育部	《高校体育工作基本标准》
	7	2014.7	教育部	《国家学生体质健康标准》
	8	2017.6	教育部	《普通高等学校健康教育指导纲要》
	9	2020.8	体育总局、教育部	《深化体教融合 促进青少年健康发展的意见》
	10	2021.8	教育部等五部门	《关于全面加强和改进新时代学校卫生与健康教育工作的意见》

1. 国家层面的政策依据

2015年10月，党的十八届五中全会第一次明确提出要推进健康中国建设的目标，并将其列入《国民经济和社会发展第十三个五年规划纲要》中，从而表明了党和国家对此的高度重视。2016年5月，国务院办公厅发布了《关于强化学校体育促进学生身心健康全面发展的意见》，指出"强化学校体育是实施素质教育、促进学生全面发展的重要途径"，对促进建设健康中国具有重要意义，其中所涉及养成学生的体育锻炼习惯、重视运动技能和体质健康水平的提升、增强规则意识和合作精神等内容，与健康中国战略理念不谋而合。2016年10月，中共中央、国务院发布《"健康中国2030"规划纲要》，从而标志着推进实施健康中国已经上升至国家战略层面。同时，国务院办公厅成立了健康中国行动推进委员会，以统筹推进健康中国战略的实际落实，并发布了《国务院关于实施健康中国行动的意见》，详细说明和规定了健康中国行动的相关背景、总体要求、主要任务以及组织实施的要求。2019年9月，为进一步明确体育强国建设的目标、任务及措施，国务院办公厅印发了《体育强国建设纲要》，将落实全民健身国家战略，助力健康中国建设作为其首要战略任务。为加快体育强国建设，2020年10月，中共中央办公厅、国务院办公厅印发《关于全面加强和改进新时代学校体育工作的意见》，从而把学校体育工作摆在了更加突出的位置，将健康第一、服务学生的教育理念贯穿其中。通过对上述国家层面相关政策内容进行提炼分析发现，总体上可以从体育教学的总体要求、教学理念与目标、教学内容、教学方法、教学评价五个维度入手，框定健康中国战略对普通高校公共体育教学改革提出的新要求，其各个维度的政策要点如表2-4所示。

表2-4 国家层面基于健康中国战略对普通高校公共体育教学改革的政策要点

关键领域	政策名称	对高校体育教学的要求
教学的总体要求	《关于强化学校体育促进学生身心健康全面发展的意见》	①加强师德建设 ②鼓励优秀教练员、退役运动员、社会体育指导员、有体育特长的志愿人员兼任体育教师 ③实施体育教师全员培训 ④建设好学校体育场地设施、配好体育器材 ⑤推动公共体育场馆设施为学校体育提供服务，向学生免费或优惠开放 ⑥多种途径，充分利用报刊、广播、电视及网络等手段，加强学校体育工作新闻宣传力度
	《"健康中国2030"规划纲要》	①培养健康教育师资，将健康教育纳入体育教师职前教育和职后培训内容 ②学校体育场地设施与器材配置达标率达到100%
	《体育强国建设纲要》	人均体育场地面积达到2.5平方米
	《关于全面加强和改进新时代学校体育工作的意见》	①配齐配强体育教师。设立专(兼)职教练员岗位；建立聘用优秀退役运动员为体育教师或教练员制度；支持体育教师海外研修访学 ②加强高校体育场馆建设，鼓励有条件的高校与地方共建共享；配好体育教学所需器材设备，建立体育器材补充机制。推进学校体育场馆向社会开放、公共体育场馆向学生免费或低收费开放，提高体育场馆开放程度和利用效率

续表

关键领域	政策名称	对高校体育教学的要求
		③完善体育教师岗位评价。把师德师风作为评价体育教师素质的第一标准；完善体育教师职称评聘标准；优化体育教师岗位结构，畅通体育教师职业发展通道；提升体育教师科研能力 ④涵养阳光健康、拼搏向上的校园体育文化，培养学生爱国主义、集体主义、社会主义精神，增强文化自信，促进学生知行合一、刚健有为、自强不息
教学理念与目标	《关于强化学校体育促进学生身心健康全面发展的意见》	①"天天锻炼、健康成长、终身受益"为目标 ②切实保证学生每天一小时校园体育活动落到实处 ③学生熟练掌握一至两项运动技能
	《"健康中国2030"规划纲要》	①全民健康是建设健康中国的根本目的 ②立足全人群和全生命周期两个着力点，提供公平可及、系统连续的健康服务，实现更高水平的全民健康 ③基本实现青少年熟练掌握1项以上体育运动技能 ④确保学生校内每天体育活动时间不少于1小时 ⑤每周参与体育活动达到中等强度3次以上 ⑥国家学生体质健康标准达标优秀率25%以上
	《体育强国建设纲要》	①广泛开展全民健身活动，坚持大健康理念 ②增强综合素质，树立健康第一的教育理念 ③全面强化学校体育工作，经常参加体育锻炼人数比例达到45%以上 ④《国家学生体质健康标准》，建立面向全民的体育运动水平等级标准和评定体系
	《关于全面加强和改进新时代学校体育工作的意见》	以立德树人为根本，以社会主义核心价值观为引领，以服务学生全面发展、增强综合素质为目标，坚持"健康第一"的教育理念，推动青少年文化学习和体育锻炼协调发展，帮助学生在体育锻炼中享受乐趣、增强体质、健全人格、锤炼意志，培养德智体美劳全面发展的社会主义建设者和接班人

续表

关键领域	政策名称	对高校体育教学的要求
教学内容	《关于强化学校体育促进学生身心健康全面发展的意见》	①加强健康知识教育，注重运动技能学习，科学安排运动负荷，重视实践练习 ②大力推动足球、篮球、排球等集体项目，积极推进田径、游泳、体操等基础项目及冰雪运动等特色项目，广泛开展乒乓球、羽毛球、武术等优势项目 ③进一步挖掘整理民族民间体育，充实和丰富体育课程内容 ④培养学生安全意识和自我保护能力，提高学生的伤害应急处置和救护能力
	《"健康中国2030"规划纲要》	将健康教育纳入国民教育体系，把健康教育作为所有教育阶段素质教育的重要内容
	《体育强国建设纲要》	①将促进青少年提高身体素养和养成健康生活方式作为学校体育教育的重要内容 ②普及科学健身知识和健身方法
	《关于全面加强和改进新时代学校体育工作的意见》	①开齐开足上好体育课。宽课程领域，逐步增加课时，丰富课程内容 ②高等教育阶段体育课程与创新人才培养相结合，培养具有崇高精神追求、高尚人格修养的高素质人才 ③学校体育教材体系建设要扎根中国、融通中外，充分体现思想性、教育性、创新性、实践性，根据学生年龄特点和身心发展规律，围绕课程目标和运动项目特点，精选教学素材，丰富教学资源 ④推广中华传统体育项目。如武术、摔跤、棋类、射艺、龙舟、毽球、五禽操、舞龙舞狮等中华传统体育项目 ⑤教会学生科学锻炼和健康知识，指导学生掌握跑、跳、投等基本运动技能和足球、篮球、排球、田径、游泳、体操、武术、冰雪运动等专项运动技能

续表

关键领域	政策名称	对高校体育教学的要求
教学方法	《关于强化学校体育促进学生身心健康全面发展的意见》	①坚持课堂教学与课外活动相衔接、培养兴趣与提高技能相促进、群体活动与运动竞赛相协调 ②坚持全面推进与分类指导相结合，"一校一品"、"一校多品"教学模式 ③通过多种形式组织学生积极参加课外体育锻炼；做到区别对待、因材施教 ④充分利用现代信息技术手段，开发和创新体育教学资源 ⑤学校应通过组建运动队、代表队、俱乐部和兴趣小组等形式，积极开展课余体育训练
	《"健康中国2030"规划纲要》	构建相关学科教学与教育活动相结合、课堂教育与课外实践相结合、经常性宣传教育与集中式宣传教育相结合的健康教育模式
	《体育强国建设纲要》	组建形式多样的群众性体育俱乐部，鼓励有条件的地方组织群众性体育俱乐部联赛
	《关于全面加强和改进新时代学校体育工作的意见》	①因地制宜开展传统体育教学、训练、竞赛活动，并融入学校体育教学、训练、竞赛机制，形成中华传统体育项目竞赛体系 ②完善"健康知识＋基本运动技能＋专项运动技能"的学校体育教学模式
教学评价	《关于强化学校体育促进学生身心健康全面发展的意见》	①对学生出勤、课堂表现、健康知识、运动技能、体质健康、课外锻炼、参与活动情况等方面进行全面评价 ②严格执行《国家学生体质健康标准》
	《关于全面加强和改进新时代学校体育工作的意见》	①推进学校体育评价改革。建立日常参与、体质监测和专项运动技能测试相结合的考查机制，将达到国家学生体质健康标准要求作为教育教学考核的重要内容 ②完善学生体质健康档案，加强学生综合素质评价档案使用，高校根据人才培养目标和专业学习需要，将学生综合素质评价结果作为招生录取的重要参考

2. 部委层面的政策依据

为有效落实国家层面对健康中国战略下普通高校公共体育教学改革的要求，各部委根据分管领域实际工作需要，也发布了一系列相关的政策文件，例如，为有效推进《"健康中国 2030"规划纲要》相关目标的落实，国务院发布了《关于实施健康中国行动的意见》，并成立了健康中国行动推进委员会，于 2019 年 7 月发布了《健康中国行动（2019—2030 年）》，在已有宏观政策要求的基础上，提出了 15 项专项行动，细化明确每一项行动的目标和着力点。2021 年 8 月，为全面推进健康中国建设，加强新时代学校卫生与健康教育工作，教育部等五部门印发了《关于全面加强和改进新时代学校卫生与健康教育工作的意见》，将提高学生健康素养、增强健康管理能力和体质健康水平作为重要工作目标。从具体内容来看，部委层面的政策文件也同样可以从总体要求、目标、内容、方法、评价五个维度对高校公共体育教学改革进行分析，其政策要点如表 2-5 所示。

表 2-5　各部委层面基于健康中国战略关于普通高校公共体育教学改革的政策要点

领域	文件名称	对高校体育教学的要求
体育教学总体要求	《健康中国行动（2019—2030 年）》	①学校体育场地设施开放率超过 70% 和 90% ②人均体育场地面积分别达到 1.9 平方米及以上和 2.3 平方米及以上
	《高等学校体育工作标准》	①建立体育教研、科研制度，形成高水平研究团队 ②建立学生体质健康状况分析和研判机制
	《深化体教融合促进青少年健康发展的意见》	①推动社会公共体育场馆免费或低收费向学生开放 ②选派教师参加各种体育运动项目技能培训 ③设立专兼职教练员岗位制度 ④支持场地设施向青少年免费或低收费开放
教学理念与目标	《健康中国行动（2019—2030 年）》	经常参加体育锻炼(每周参加体育锻炼频度 3 次及以上，每次体育锻炼持续时间 30 分钟及以上，每次体育锻炼的运动强度达到中等及以上)人数比例达到 37% 及以上和 40% 及以上
	《高等学校体育工作标准》	①组织学生每周至少参加三次课外体育锻炼 ②切实保证学生每天一小时体育活动时间

续表

领域	文件名称	对高校体育教学的要求
教学理念与目标	《普通高等学校健康教育指导纲要》	高校健康教育重在增强学生的健康意识、提高学生的健康素养和健全学生的人格品质
	《高等学校体育工作标准》	①面向全体学生设置多样化、可选择、有实效的锻炼项目 ②合理安排教学内容，开设不少于15门的体育项目 ③每节体育课须保证一定的运动强度，其中提高学生心肺功能的锻炼内容不得少于30%
	《普通高等学校健康教育指导纲要》	①高校健康教育内容主要包括健康生活方式、疾病预防、心理健康、性与生殖健康、安全应急与避险五个方面
	《深化体教融合促进青少年健康发展的意见》	①树立"健康第一"的教育理念 ②面向全体学生，开齐开足体育课 ③"享受乐趣、增强体质、健全人格、锤炼意志"为教学任务，实现文明其精神、野蛮其体魄 ④开展丰富多彩的课余训练、竞赛活动
	《关于全面加强和改进新时代学校卫生与健康教育工作的意见》	①牢记为党育人、为国育才使命，落实立德树人根本任务，坚持"健康第一"的教育理念 ②坚持面向全体。将健康教育与德育、智育、体育、美育、劳动教育相结合，融入教育教学 ③坚持预防为主，树立大卫生、大健康观念 ④按照教会、勤练、常赛要求，开齐开足体育与健康课 ⑤保障学生每天校内、校外各1个小时体育活动时间
教学内容	《关于全面加强和改进新时代学校卫生与健康教育工作的意见》	推广中华传统体育项目，开展全员运动会、亲子运动会
教学方法	《高等学校体育工作标准》	①创新教育教学方式，指导学生科学锻炼，增强体育教学的吸引力、特色性和实效性 ②根据学生体质健康状况制定干预措施，视情况采取分类教学、个别辅导等必要措施

续表

领域	文件名称	对高校体育教学的要求
教学方法	《普通高等学校健康教育指导纲要》	①问题导向与健康需求相衔接；知识传授与行为养成相促进 ②课堂教学与课外实践相协调 ③维护个体健康与增强社会责任相统一 ④总体要求与地方实际相结合是健康教育的五大原则
	《高等学校体育工作标准》	要将反映学生心肺功能的素质锻炼项目作为考试内容，考试分数的权重不得少于30%
	《深化体教融合促进青少年健康发展的意见》	支持大中小学校成立青少年体育俱乐部
教学评价	《深化体教融合促进青少年健康发展的意见》	加强对学校体育教学、课余训练、竞赛、学生体质健康监测的评估、指导和监督
	《关于全面加强和改进新时代学校卫生与健康教育工作的意见》	实施体质健康监测

从上述政策分析可知，党的十八大以来，党和国家对健康中国战略和高校体育教育工作高度重视，从中央到各部委，再到各地方政府均出台了相关的政策文件。总体来看，健康中国战略下普通高校公共体育教学改革的政策体系具有交叉性、层次性和系统性三个主要特征。第一，交叉性。从政策属性上看，相关政策可以划分为"体育健康政策"和"学校体育教育政策"两个方面，且两者之间相互促进和互为支撑，即体育健康政策理念能够有效促进学校体育教学目标、内容、方法和评价的持续更新，体育健康政策目标的实现也离不开学校体育教育这一重要途径。第二，层次性。无论是体育健康政策，还是高校体育教育政策，其都可分为国家、各部委以及具体实施的地方政府三个层面，并在政策理念、政策目标、政策内容和政策实施上呈现出衔接性、具体性、可行性与可操作性等特性。第三，系统性。健康中国战略是一个系统性工程，涉及各个方面，其中高校是培养青年健康素养和人格素

质的主阵地，同时体育也是大学教育内容的重要组成部分，这就意味着在健康中国战略下研究普通高校公共体育教学改革，要充分考虑其政策体系的各方面要求和错综复杂的系统性关系。

2.2 理论基础

健康中国战略下普通高校公共体育教学改革研究，不仅有充实丰富的政策体系做依据，更有着深厚的理论基础。深入分析健康教育理念与高校公共体育教学改革的结合，需要从多元的理论视角切入，在充分考虑具体研究工作的实际需要与理论的内在契合性之后，本研究主要选取马克思主义关于人的全面发展理论、习近平总书记关于健康中国战略和关于体育的重要论述、泰勒的课程与教学理论，以及身体素养理论作为主要的理论基础。

2.2.1 马克思主义关于人的全面发展理论

马克思在批判继承其他研究者理论的基础上，对人的全面发展问题进行了全新而系统的诠释，并与恩格斯、列宁、毛泽东等继承和发展者共同构建出了马克思主义关于人的全面发展理论体系。马克思主义关于人的全面发展理论既是我国教育方针的基石，也是指导我国高校公共体育教学改革的重要理论依据。因此，深入理解马克思主义关于人的全面发展理论的起源与发展、主要内容和观点，以及其对高校公共体育教学的深刻影响，对开展健康中国战略下我国高校公共体育教学改革研究具有重要意义。

1. 马克思主义关于人的全面发展理论的起源与发展

马克思主义关于人的全面发展理论的形成是一个充满曲折的、系统的、长期的历史发展过程。

（1）"人本主义"思想是人的全面发展理论得以形成的重要基础，即全面发展首先是"人"的全面发展，只有充分重视人的地位，注重对人的培养，才能实现人在德智体美劳等各个方面的发展。早在文艺复兴时期，人文主义者就具备有"人的全面发展"意向,但这时还没有成为一个明确的、独立的概念,更多的是强调对人的精神、价值、地位、能力的肯定;启蒙运动中的思想家虽然也没有正式提出"人的全面发展"概念,但都赞成"身心和谐发展",如洛克提出"有健康的身体才有健全的精神";空想社会主义者则开始真正就"人的全面发展"的本题来进行考察,如欧文在谈到"人应该有充分发展的人的才能"时提出,每个人都应该合理地利用自己的体、智、德、行的能力,等等。[①]上述理念为马克思主义关于人的全面发展理论提供了思想源泉和理论基础。

（2）马克思、恩格斯正式形成了马克思主义关于人的全面发展的科学理论。首先,马克思在《关于费尔巴哈的提纲》中超越了以往人性论的视野,把人的本质定义为"一切社会关系的总和",从而发现了具体的、实践中的人,而人的发展受到社会关系的深刻影响。其对人的发展和社会发展关系的论述,奠定了马克思主义关于人的全面发展的科学基础。马克思正式提出"人的全面发展"概念,对其内涵进行阐释是在《德意志意识形态》一书中,突出强调了人的社会属性,重点论述了关于人的社会性、个性,以及人类特性的全面发展。其次,恩格斯在《共产主义原理》中阐释了人的全面发展的基本实现条件,认为全面发展的人就是"各方面都有能力的人"[②],人的全面发展不仅是科学技术和大工业生产的必然趋势,而且是共产主义的理想目标。马克思、恩格斯关于人的全面发展理论有多种阐述,其中最为值得关注的是提出人的智力和体力要在生产中得到充分自由的、协调的和多方面的发展。再次,马克思在《资本论》中提出只有自由劳动才能实现人的全面发展,只有增加人的自由时间,其才有机会发展自己的兴趣爱好和个性能力,从而促进自身自由、和谐、充分地发展,最终实现人的自由全面发展;恩格斯也在《反杜林论》中认为生产劳动给了人们实现自由全面发展,以及表现自己体、智、德等多方面能力的机会。马克思、恩格斯在批判继承以往研究成果的基础上所构建的马克思主义关于人的全面发

---

① 陈桂生. 人的全面发展理论与现时代 [M]. 上海:华东师范大学出版社,2012:3-10.
② 中共中央马克思恩格斯列宁斯大林著作编译局. 马克思恩格斯选集:第1卷[M]. 北京:人民出版社,2012:296.

展理论体系，对世界其他国家产生了深刻影响，并结合不同国家的国情有了新的发展。

（3）马克思主义关于人的全面发展理论的丰富与发展。首先，列宁继承和发展了马克思关于人的全面发展理论，在1903年就提出了人的全面发展是社会主义的最高目标，希望造就"会做一切工作"的一代社会主义新人，强调人的全面发展与社会主义建设的一致性，并认为应该在社会主义建设过程中实现人的全面发展，从而把马克思关于人的全面发展理论具体化、实践化了。其次，新中国成立后，毛泽东在论及教育方针时对马克思关于人的全面发展理论进行了充分阐释，他提出要使接受教育的人民在"德育、智育、体育"等各方面得到全面发展；①其在论及青年教育时，向全国青年发出了"身体好、学习好、工作好"的号召，其关于青年教育的思想丰富了马克思关于人的全面发展理论。再次，改革开放以来，邓小平、江泽民、胡锦涛、习近平等党和国家领导人也非常重视人的全面发展问题，他们在不同程度上将马克思关于人的全面发展理论与我国具体国情和时代特征结合起来。例如：邓小平提出了培养"四有"新人的根本目标，并认为实现共同富裕是达到人的全面发展的物质前提；江泽民认为实现人的全面发展是人与人、人与社会、人与自然的全面发展，在建设中国特色社会主义过程中，既要重视物质文化生活的改善，又要注重人民素质的提高；胡锦涛强调以人为本，提出了科学发展观，以实现和促进人的全面发展为目标等等，从而赋予了马克思关于人的全面发展理论以新的时代内涵。党的十八大以来，以习近平同志为核心的党中央进一步继承和发展了马克思主义关于人的全面发展的思想，强调坚持以人民为中心发展教育事业，培养每位学生都能成为德智体美劳全面发展的社会主义建设者和接班人。

2. 马克思主义关于人的全面发展理论的基本内容和观点

马克思主义关于人的全面发展理论的内涵丰富、内容多样，并呈现出持续发展和完善的状态。总体来看，可将其归纳为以下几点。

---

① 中共中央文献研究室. 毛泽东文集：第7卷［M］. 北京：人民出版社，1999：226.

（1）马克思、恩格斯关于人的全面发展的思想理念。马克思认为人多种多样的"志趣"和"个人才能"①，每个人都能够自由地发展自己想要发展的素质和能力，实现人的多方面发展和自由发展是其全面发展理想的核心。一方面，人的多方面发展就是指人要根据自己的需要实现多个方面的发展，如身体的发展、精神的发展、心理的发展等等；另一方面，人的自由发展则是指摆脱制约人的内心和外在发展的桎梏，实现个性化发展，既要在德智体美劳等各个方面都有所发展，又能够根据自己的兴趣实现某一方面的潜能发挥。与此同时，在马克思和恩格斯看来，人的全面发展"不只是孤立的自由全面发展，而且也是指全社会人的整体素质的全面发展和提高"②。马克思、恩格斯认为只有在共产主义的自由联合体中，个人才能得到全面发展，而每个个人都是作为"有个性的个人"参加集体的③，所以他们提到的人的全面发展实质上是人的个性全面发展，是个体在全面的基础上有差异的发展。在这一基础上，将马克思关于人的全面发展学说应用到教育领域中就要求我们要把每个学生看成是一个独立的、个性的、具有全面发展可能的个体，认可其自身存在的差异性，并尊重这种差异性，使其能够在全面的基础上成长为具有独特个性、符合自身差异特征、满足发展需求的"人"。

（2）列宁关于人的全面发展理论的思想主张。列宁在充分继承马克思、恩格斯关于人的全面发展思想的基础上，结合苏维埃俄国的具体情况，对这一思想理论进行了新的阐释，主要包括三点：第一，列宁认为人的需要包括物质上的需要，同时更含有精神上的需要，且处于不断变化的过程。因此，人的全面发展就必然要充分满足人的物质和精神双重需要，而且人的精神需要的满足更加有助于对人的全面发展目标的实现，两者要实现协调发展并得到充分满足；同时，人的物质需要和精神需要是伴随着时代的发展而不断变化发展的，只有

---

① 中共中央马克思恩格斯列宁斯大林著作编译局. 马克思恩格斯全集：第 23 卷［M］. 北京：人民出版社，1972：649.

② 吴德刚. 关于马克思主义人的全面发展学说的再认识［J］. 教育研究，2008（4）：5.

③ 陈桂生. 人的全面发展理论与现时代［M］. 上海：华东师范大学出版社，2012.

将其控制在合理范围和科学范畴之内才能实现对人的全面发展的促进作用。第二，列宁认为要实现人的全面发展就意味着人的综合素质的全面提升，他从共产主义实现目标出发，强调要提高人民群众的道德素质、科技文化知识，以及劳动能力等共产主义素质。第三，列宁还主张要平等地发展人与人之间的互动交往关系，如强调男女平等、民族平等，消除阶级差别等。①

（3）我国历任领导集体关于人的全面发展理论的思想观点。党和国家的历任领导集体均根据我国的具体实际国情，对马克思主义关于人的全面发展理论内容进行了拓展和创新，实现了人的全面发展理论中国化。总体来说，其核心观点包括两点：第一，从人的全面发展目标和内容来看，毛泽东认为要实现"德智体全面发展，德育为先"，既要学习专业知识提高智力水平，又要注重思想观念和身体素质的提升；邓小平也提出了"最根本是培养有共产主义的理想，有道德、有文化、守纪律的四有新人"②；习近平则提出要促进人的全面发展、提升人的综合素质，以人民为中心，培养出的社会主义建设者要实现在德智体美劳等方面全面发展。第二，从实现人的全面发展方法和途径来看，毛泽东认为劳动教育是实现人的全面发展的根本途径，并提出教育要实现与生产劳动相结合的主张；邓小平则强调要实现人的全面发展关键在于解放思想，提高物质生产力，建设良好的精神文明；习近平认为人的全面发展的中心环节是立德树人，要充分体现德育的突出地位。

3. 马克思主义关于人的全面发展理论对高校公共体育教学的影响

马克思主义关于人的全面发展理论为开展普通高校体育教学改革研究提供了重要的理论基础。首先，马克思主义关于人的本质的论述，要求我们开展研究，充分关注具体的人在体育教学改革中的重要作用，尤其要以学生的身体健康素质是否得到真正提升、教师的教学理念和实现途径是否能够满足学生需要作为重要的关注点，在资料获取和分析过程中要注重深入挖掘不同主体行为之间的社会性互动关系，从而探究其内在行动机制。其次，马克思主义关于人的

---

① 陈黎梅.列宁人的全面发展思想及其当代启示研究[D].重庆：西南大学，2021：85−104.
② 邓小平文选：第1卷[M].北京：人民出版社，2006：372.

全面发展理论要求促进学生在德育、智育和体育等多方面的全面自由协调发展，而高校体育教学改革就是通过教育这一形式和途径实现体育育人目标和增强学生身心和谐发展的活动过程，这就要求在高校体育教学改革中，不仅要重视学生身体素质的提高，更要关注其心理健康的维护，注重养成良好的、长期的、主动的体育锻炼习惯和生活方式，并且要以学生身心发展为中心，满足学生的物质需要和精神需要，实现其自由全面和谐地发展。最后，马克思主义认为实现人的全面发展要坚持生产力的尺度和人的尺度相统一，即在不断推进人的全面发展的过程中，必须以生产力的发展为基础和前提，而通过提高人民群众的综合素质机能来推动生产力提升，又能促进人的全面发展。这就要求各地在进行高校体育教学改革过程中要充分注重对人力、物力、财力等资源条件的保障，并以教师和学生实际需要为导向进行配置，充分实现效率和公平的和谐发展。由此可知，高校公共体育教学在促进学生全面发展的过程中发挥着至关重要的作用，而马克思主义关于人的全面发展理论对普通高校公共体育教学改革具有重要指导意义。

2.2.2 泰勒的课程与教学理论

课程与教学密不可分，相应地，课程论和教学论之间也是共生共存的。一些学者认为课程论大于教学论，"课程"包含了课程和教学现象，另一些人则认为教学论高于课程论，课程问题可以置于教学理论和话语之中，即存在"大课程、小教学"和"大教学、小课程"之分。但无论是课程论，还是教学论，其都是对于课程和教学实践的成熟的理解，两者相互依赖又互为补充。1949年，美国著名教育学家、课程理论学家泰勒出版了《课程与教学的基本原理》一书，形成了关于课程与教学的基本原理，其对于教学目标、教学内容、教学方法和教学评价的相关理论为研究健康中国战略下普通高校公共体育教学改革问题提供了重要的理论基础和分析框架。

1. 泰勒的课程与教学理论的起源与发展

泰勒的课程与教学理论是特定时代的产物，泰勒一方面从20世纪上半叶的哲学家和心理学家杜威、心理学家桑代克、心理学家贾德等人的学说中寻找理论依据，另一方面积极从事课程与教学实践活动，尤其是投身于"八年研究"，从中汲取丰富的养分。20世纪30年代，针对当时课程及测验上"以教科书为中心"所带来的问题，美国进行了以课程改革为核心的为期八年的教育改革试验，这就是著名的"八年研究"（1933—1940）。"八年研究"的经验最后由泰勒进行总结完善，并形成了较为完善的课程理论体系。

泰勒的课程与教学理论也是一个不断拓展完善的过程，尤其是在20世纪60年代初主持"全国教育进展评定"之后，泰勒在强调没有理由改变课程原理所提出的基本问题的同时，更加关注学生的能动性、强调学生的校外学习，并对关于教育目标一般化与具体化的程度问题等进行了补充和调整。几十年来，泰勒原理一直被作为课程入门和探索的基本原理，他为课程理论领域奠定了基础。与此同时，泰勒的课程与教学理论也一直受到来自各方面的批评和修正，如对课程目标的来源及其关系、课程编制过程的模式、课程目标与评价等问题的争论，但从方法论的角度来看，其仍然可以作为我们开展课程与教学研究工作的指导性理论。

2. 泰勒的课程与教学理论的基本内容

泰勒的课程与教学理论基本上都体现在《课程与教学的基本原理》中，他在书中将课程要素界定为三个方面，即目标、内容和过程，而过程要素中又分为实施和评价两大内容。[1]泰勒认为制定任何课程及教学计划必须回答四个中心问题：一是学校应该达到哪些教育目标？二是提供哪些教育经验才能实现这些目标？三是怎样能有效地组织这些教育经验？四是我们怎样才能确定这些目标正在得到实现？[2]从这四个问题出发，泰勒的课程教学理论的基本内容和主要观点有以下几方面。

（1）确定教学目标。泰勒认为，学校领导和教师要对教育目标进行选择，而要达到科学合理的判断，就必须要有来自对学生、对社会生活，以及对学科

---

[1] Tyler, R. Basic Principles of Curri culumand Instruction [M]. Chicago：The University of Chicago Press, 1949：1.

[2] 拉尔夫·泰勒. 课程与教学的基本原理 [M]. 施良方，译. 北京：人民教育出版社：1994.

专家建议进行研究的信息。由于学校教育的时间和能力有限，因此只能将有限的精力集中到非常重要的少数目标上，这就要求在大量目标中进行科学有效的筛选。一方面，教育目标的选择与学校办学宗旨直接相关；另一方面，就教育目标本身来看，应该包括行为和内容两个方面。

（2）选择学习经验。学习经验是指学校师生与环境中外部条件之间的相互作用，决定要提供哪些学习经验是在目标确定之后所必须回答的问题。泰勒强调，学生是一个主动的参与者，而在学生参与的过程中，教师的作用并不是要直接替学生选择学习经验，而主要是通过构建一种特定的学习情景来对传达给学生的学习经验进行控制。由此出发，泰勒提出了在情景中选择学习经验的五条原则：一是学生必须在整个学习过程开始之前获得经验，从而使其有机会去在实践中达成这个目标；二是必须使学生在获得学习经验过程中，能够在实现教育目标背后所隐含的学习行动中获得一种心理上的满足感；三是学生在学习经验获取过程中的期望程度，应该被控制在学生力所能及的范围之内；四是不同的因素往往可以形成相同的结果，这意味着有许多特殊经验可以被用在教学过程中，从而实现同样的教育目标；五是尽管在教学过程会存在同样的学习经验，但由于所处环境的变化也往往会产生不同的结果。

（3）组织学习经验。泰勒认为，必须使用特定的技术手段和方法来对学习经验加以组织，从而使其产生累计效果，并发挥出更好的作用。他还认为，在组织学习经验时首先要确定好课程教学的各种要素，这是进行课程组织的线索，随后还要根据一定的原则将这些要素有序地组织起来。一般来说，在组织课程时，一要对课程组织的总体框架取得共识，二要对每一个学科领域要遵行的原则达成共识，三要对采用何种教学方法达成共识。

（4）评价结果。泰勒认为，评价结果就是在学习活动结束后，对学习经验在实际上形成了何种预期效果的判断。评价工具的三个重要标准为客观性、信度和效度。泰勒认为评价过程的第一步就是要确定教育目标。只有明确了教育目标，才能为评价活动提供判断依据和发展方向，也只有完成这一步骤之后，才能进一步考察各种评价手段，如果评价方法与教育目标不相契合，那么评价的结果则是无效的。①

3. 泰勒的课程与教学理论及高校公共体育教学改革

尽管泰勒的课程与教学理论距今已有近 80 年的时间,但其基本内容和主要观点对我国高校公共体育教学改革仍具有重要的指导作用。首先,泰勒所提出的关于课程形成的四个步骤亦揭示了高校公共体育教学改革的主体思路和分析框架,即教学的目标、内容、方法和评价,这四者密切相关,相互影响,并在整个教学过程中存在着紧密的逻辑关系。其次,泰勒强调在课程形成过程中目标的重要性,因此泰勒理论有时又被称为目标模式。当前我国高校公共体育教学改革中最为关键的问题就是对教学目标的更新,尤其是在健康中国战略提出之后,如何将"健康第一""以生为本""终身体育"等理念融入教学改革目标中是非常重要的。通过体育健康教育目标中渗透的价值要素,引领课程教学内容的选择与组织,能够使健康理念充分融合到课堂教学和课外活动中,提高体育教学实践效果。最后,泰勒主张教育内容要贴近社会生活和学习生活,强调通过安排环境和构建情境向学生提供教育学习,并且在提供内容时应以学生现有发展水平与认知经验为基础。这对在高校公共体育教学过程中激发学生的体育运动热情,养成良好的、自觉的、主动的体育运动习惯,形成贯穿体育与生活、生命全过程中的终身体育意识和行为,具有积极的推进作用。

2.2.3 身体素养理论

在健康中国战略实施的背景下,高校公共体育教学改革与发展的重要目标,就是要满足人民群众对身体素质水平和精神生活需求的美好向往,而"身体素养"理论不仅为探析当前我国高校公共体育教学出现的突出问题提供科学的分析框架,而且贯穿于对高校公共体育教学改革研究的全过程之中,起着重要的理论指导作用。

---

① 拉尔夫·泰勒. 课程与教学的基本原理 [M]. 施良方, 译. 北京:人民教育出版社, 1994:17-26.

第2章　健康中国战略下普通高校公共体育教学改革的政策依据、理论基础与分析框架

1. 身体素养理论的起源与发展

"身体素养"（Physical Literacy）一词最早于19世纪80年代在美国提出，但提出之时并未引起学者们的普遍重视。20世纪上半叶，"身体素养"一词开始在美国学术界得到使用，认为应是一种公民所具备的首要特征，[①]并多被与智力素养、语言素养等词共用，以诠释人的综合素养。但是这一时期对这一概念的理解仍比较片面，未进行严格意义上的界定，因此也并未得到政府的重视。直到20世纪末，英国贝福德郡大学学者 Margaret Whitehead 正式提出"Physical Literacy"这一学术概念后，身体素养才开始引起人们的广泛注意，并对世界多个国家的政府决策产生影响。尽管学者们仍然对身体素养理论存在较多的质疑和困惑，但 Margaret Whitehead 自提出这一概念后，与其支持者一起不断对概念内涵和实际应用进行完善，并被越来越多的国家所接受，如美国、英国、澳大利亚、加拿大、新西兰等国家均在不同程度将身体素养理论应用于本国实践。与此同时，联合国教科文组织和WTO也分别将身体素养作为体育教育的重要目标提出，从而被国际主流领域中的学者们所认可并受到推广。在"身体素养"概念尚未引入时，我国体育领域的学者们主要使用"体育素养"这一概念来概括素质教育下的体育教育核心要求，即体育文化水平，主要包括身体文化和精神文化两个维度。[②]但这一概念过于重视运动技能的培养，忽视了终身运动习惯的养成。"身体素养"在国内直到2014年才有学者提出，2018年任海教授在《体育科学》杂志上发表《身体素养：一个统领当代体育改革与发展的理念》一文后，"身体素养"开始受到了学者们的重视，其广泛传播的时代由此开启。2019年8月，国务院办公厅印发《体育强国建设纲要》，明确提出"将促进青少年提高身体素养和养成健康生活方式作为学校体育教育的重要内容"，身体素养成为我国学校体育教育的重要组成部分。

[①] CAIRNEYJ, KIEZT, ROETERTEP, et al. A 20th-century narrative on the origins of the physical literacy construct [J]. Journal of Teaching Physical Education, 2019, 38（2）: 79.

[②] 杨文运, 东明, 焦臣道. 新时期中国高校学生体育素养评价的改革与发展 [J]. 河北体育学院学报, 2003, 17（2）: 51.

2. 身体素养理论的基本内容

身体素养理论尽管形成的时间较晚，并没有形成较为成熟完善的理论体系，但其在概念内涵、内容要求和主要特色方面均呈现出独有的认知，有着一套较为完整的理论主张。

（1）概念内涵。自1993年身体素养的概念被Margaret Whitehead重新提出后，学界基本上是以其界定作为主要依据，即"身体素养不仅是身体能力，而且是嵌入感知、经验、记忆、预测和决策的身体能力的整体参与"①，随后Margaret Whitehead又陆续对这一概念内涵进行了持续的优化，如2017年，Margaret Whitehead提出了"身体素养是人一生中重视并承担参与身体活动所需要的动机、信心、身体能力以及知识和理解"②。Margaret Whitehead通过对学校体育和身体活动困境的充分探究，针对以往"身心二元论"对学校体育和学生身体活动所形成的不利影响，有效贯通了"身心一元论"思想理念，以具身认知理论为基础，强调学校体育和身体活动回归"身心一体"的主体性认知核心，并通过多次优化构建了身体素养理论。其中，身心一元、主客一体的"具身认知观"（Embodied cognition）是身体素养理论的主要理论支撑。具身认知观是20世纪80年代所兴起的一场重新认识身体作用的认知变革，既强调身体对认知活动的影响，又强调主体所处环境对认知活动的影响，并将环境视为认知的一部分，③从而打破了身心二元论下的离身心智论。在Margaret Whitehead提出的身体素养概念的基础上，各国学者和政府又在各自的文化环境和理论知识的背景下对身体素养概念的内涵进行了扩展，如有学者认为"身体素养是个体能够在利于健康发展的多种环境中进行多种多样的身体活动的能力"④，还有

---

① WHITEHEADM. The concept of physical literacy [J]. European Journal of Physical Education, 2001, 6 (2)：127.
② 张盟华，李红娟，张柳，等. 身体素养：概念、测评与价值 [J]. 首都体育学院学报，2021, 33 (3)：340.
③ 梅洛·庞蒂. 知觉现象学 [M]. 姜志辉，译. 北京：商务印书馆，2001.
④ MANDIGOJ, FRANCISN, LODEWYKK, et al. Physical literacy for educators [J]. Physical&Health Education Journal, 2009, 75 (3)：27.

学者认为身体素养内涵包括身体能力、知识和身体活动行为三个组成部分[①]；等等。尽管不同组织或学者的认识角度不同，但从内涵上来看，均在一定程度上将身体素养视为整个生命过程中维持身体活动以及健康所需要的综合能力。

（2）基本观点。首先，Margaret Whitehead 认为身体素养是终生所拥有的财富，不仅能够在人生的各个阶段丰富人们的生活品质，而且能够提升人们的整体生命质量。同时它也是一种特质，即必须要不断加以保持和滋养，使其能够维持基本的状态，否则这种特质将会消失。因此，她将身体素养视为一种永远在路上而永无终点的旅行，与终身体育理念具有较高的契合性。其次，Margaret Whitehead 认为身体素养主要可以从六个方面来进行诠释，这也可以被看作是身体素养理论基本论点：第一，被视为一种能够充分发挥运动能力和动机的潜能；第二，能在充满挑战的环境中，高效且稳定地进行体力活动；第三，能够根据自身所处环境，针对不同身体活动作出恰当的反应；第四，在所处的环境中具有良好的具身性认知能力；第五，可以通过非语言交流与他人进行感性的、顺畅的互动；第六，有能力识别影响自己身体活动有效性的主要组成要素。[②]最后，身体素养主要由身体能力、身体体验、身体认知、身体行为四个相互关联的要素构成。第一，爬、跳、攀等基本活动能力是身体素养存在和发展的前提；第二，身体体验是个体在发展身体素养过程中主体性存在的表现，包括身体活动的动因、信心和审美；第三，身体认知是身体素养的核心所在，包括关于身体的知识、身体活动的知识和技能，以及身体活动的价值判断；第四，身体行为是根本所在，解决了将身体素养的培养、发展赴遂于实践的问题。[③]

（3）主要特点。第一，终身性。身体素养被看作是能够维持终身体育活动的能力，从幼时表现出对身体活动的兴趣与热情，到成为与人类生命相伴的日

---

① TREMBLAY M, LLOYD M. Physical literacy measurement-the missing piece[J]. Physical & Health Education Journal, 2010, 76 (1): 26.
② Whitehead M. Stages in physical literacy journey [J]. ICSSPE Bulletin-Journal of Sport Science and Physical Education, 2013: 65.
③ 高海利, 卢春天. 身体素养的构成要素及其理论价值探微[J]. 体育科学, 2019, 39 (7): 92−97.

常习惯，开展各种各样的身体活动伴随着人的一生，永无止境。第二，贯通性。身体素养所指的身体活动是人们生活中的各种身体活动，而并不仅限于体育，贯通了不同类型身体活动的领域界限，并覆盖了全体社会成员和各个群体。第三，基础性。身体素养从各种纷繁复杂的身体活动中概括提炼出基本运动技能，使人们能够根据所处环境和条件，自如应对处于多种环境中的各种身体活动。第四，内生性。只有参与身体活动的目标是内在的，才能形成持久的动力和热情，通过激发参与身体活动的兴趣，可以将参与身体活动的动力源内置于活动者自身，从而逐渐形成身体活动的习惯。①

3. 身体素养理论对高校公共体育教学的影响

在健康中国战略的背景下，"身体素养"理论将为分析当下高校公共体育教学所出现的问题，提供一个科学的分析框架。首先，更新高校公共体育教学目标。发展大学生的身体素养是高校体育教育的根本目标，不仅有助于将身体活动作为生活方式的重要组成部分，而且能够改善学生身体的各项能力，提高生活质量，从而促进其保持参与身体活动的兴趣。2015 年，联合国教科文组织在《高质量的体育教育——决策者指南》一文中指出"身体素养是体育教育（Physical education）的基础"，因此以身体素养理论为基础和支撑，对更好地将健康教育理念落实到高校公共体育教学改革中有促进作用。其次，能够推进体育融入高校学生的生活。体育进入生活主要呈现出两种路径，即体育生活化和生活体育化。前者是将体育行为持续出现在日常生活中，从而形成锻炼的习惯；后者则是将日常生活中被动的身体活动转换成主动的体育活动，激发其对体育活动的热爱。高校公共体育教学改革就是要让学生能够养成健康的锻炼习惯，并培育出对身体活动的热爱与激情，在其中获得乐趣。最后，为制定高校体育教育政策提供基本依据。身体素养能够使体育内部和外部各种要素之间进行有效的相互联系和共同运动，这正是我国当前高校体育教学工作所需要的，以身体素养为基础和前提，形成有利于学生开展身体活动的课程和教材内容，创新有利于提高学生身体活动兴趣的教学方式和模式，完善以身体素养为核心的评价指标

---

① 任海. 身体素养：一个统领当代体育改革与发展的理念［J］. 体育科学，2018，38（3）：3–11.

体系，从而可以为政府和高校决策者提供新视角和新依据。如在公共体育教学项目开展的分类方面，身体素养倡导从性格养成角度出发对公共体育项目进行分类。学生在选择相应项目时，既可从兴趣出发"享受乐趣"，还可以从锤炼意志、人格塑造、性格养成等方面得到培养与提升。基于身体素养理论的公共体育教学项目分类如表 2-6 所示。

表 2-6 基于身体素养理论的公共体育教学项目分类

运动类型	项目名称
冒险类	攀岩、索降、定向运动、滑雪、滑冰、潜水、跳伞等
审美和表现力类	现代舞、爵士舞、芭蕾舞、踢踏舞；艺术体操
运动类	体操；田径：标枪、铁饼、五项全能、接力、跳高、跳远、三级跳、跨栏等
竞争类	足球、板球、篮球、保龄球、排球、橄榄球、羽毛球、乒乓球、网球等
健身和健康类	健美操、普拉提、跑道骑行、漫步
互动/关系类	乡村舞、排舞、民族舞、社交舞；花样游泳、啦啦操
传统体育项目类	武术、太极拳、八段锦、围棋、象棋、龙舟、舞龙舞狮、空竹、马球等

2.3 分析框架

普通高校公共体育教学改革是永恒的话题，但每个时期都有不同的改革内容，在健康中国战略视域下审视高校公共体育教学改革，确定一个具有系统性、科学性和适切性的分析框架是本研究的关键所在。

2.3.1 分析框架构建的依据和原则

构建分析框架是开展一项研究工作的前提基础，正如加姆森和沃菲斯菲尔德所说："事件不会自己说话，要从它们本身所嵌入的框架中呈现意义。"但分析框架的构建不是主观的和随意的，而是要建构在科学的理论基础和政策依据上，并要与研究对象有着高度的契合度，只有这样才能保障后续分析的科学性和有效性。

1. 分析框架构建的主要依据

健康中国战略下高校公共体育教学改革分析框架的依据，是基于健康中国战略目标、党的教育方针以及学生全面发展理念的多维考察，以充分彰显高等学校公共体育教学改革的合法性与合目的性。

（1）基于健康中国战略目标实施的政策依据。

高等学校教学改革的实施必然要遵循党和政府部门所颁布的政策法规，这就决定了构建健康中国战略下普通高校公共体育教学改革的分析框架，也必须从中共中央、国务院发布的《"健康中国2030"规划纲要》、国务院印发《国务院关于实施健康中国行动的意见》（以下简称《意见》）等政策文件出发，保证后续分析能够紧扣国家政策规定和要求。其一，从国家政策理念来看，《"健康中国2030"规划纲要》提出："全民健康是建设健康中国的根本目的"，要"将健康教育纳入国民教育体系"，《意见》也提到："建立健全健康教育体系，普及健康知识，引导群众建立正确健康观。"高等学校公共体育教学不仅是青年学生形成正确健康教育理念、掌握健康知识经验、养成科学的健康行为方式的重要途径，也是整个健康教育体系的重要组成部分，这意味着我们在确定高校公共体育教学改革分析框架时要将健康教育纳入到目标维度之中，使其作为重要的改革思想引领和指导教学内容、方法和评价改革的推进。其二，从国家政策内容要求来看，《"健康中国2030"规划纲要》提出："把健康教育作为所有教育阶段素质教育的重要内容……构建相关学科教学与教育活动相结合、课堂教育与课外实践相结合、经常性宣传教育与集中式宣传教育相结合的健康教育模式。"这就对高校公共体育教学改革的内容和方式提出了新的要求，即在构建分析框架时不仅要将健康中国战略的总体目标逐步分解纳入到具体内容中，进而保障高校公共体育教学改革中健康教育目标的充分体现，还要创新高校体育教学活动的实践方式，以对健康中国战略理念和健康教育目标的实现过程和落实情况进行深入探究。同时，教育部等五部门《关于全面加强和改进新时代学校卫生与健康教育工作的意见》也指出"注重大中小幼相衔接……健全学生健康素养评价机制，纳入教育评价改革"，因此在构建分析框架时同样要考虑将高校公共体育教学改革的评价工作纳入其中，确保教学改革目标、内容和方式能够落到实处，进而发挥出应有功能和效果。

（2）基于落实党和国家教育方针的客观要求。

党的十八大以来，以习近平同志为核心的党中央高度重视体育教育工作。2018年，习近平总书记在全国教育大会上明确提出要"培养德智体美劳全面发展的社会主义建设者和接班人，要树立'健康第一'的教育理念"，因此，在健康中国战略背景下加强普通高校公共体育教学改革是新的时代背景下党和国家教育方针的客观要求，对当代大学生的成长成才有着至关重要的作用。这具体表现在：第一，党和国家的教育方针要求高校要高度重视体育教育，加强公共体育教学改革工作的推进力度，在构建德智体美劳全面教育体系的同时，将把体育教育工作摆在更加突出的位置。中共中央办公厅、国务院办公厅《关于全面加强和改进新时代学校体育工作的意见》中明确提出："把体育工作及其效果作为高校办学评价的重要指标，纳入高校本科教学工作评估指标体系和'双一流'建设成效评价。"因此，在构建分析框架时高校对公共体育教学改革工作的重视程度和推进力度是重点考察方面。第二，党和国家的教育方针要求高校教师在体育教学活动中，培养学生爱国主义、集体主义精神，使其形成积极向上、奋勇拼搏的顽强意志。高校教师不仅要根据大学生的个体特点和身心发展规律，选择和设计与之相适应的公共体育课程和运动项目，持续丰富课程素材和教学资源，切实将健康教育理念落实到公共体育教学改革活动中，而且要不断改革课程教学方式和手段，使高校学生既能够在课内教学活动中掌握科学锻炼和健康学习生活的知识素养，又能够在课外养成科学健康的运动习惯，为培养德智体美劳全面发展的社会主义建设者和接班人奠定坚实基础。这也意味着在构建相应分析框架时要特别注重教师在高校公共体育教学改革中的重要作用，要将高校教师在落实健康教育教学目标、健全健康教育教学内容、创新健康教育教学方式的情况作为重点调查内容和分析维度。

（3）基于促进学生全面健康发展的目的依据。

构建健康中国战略下普通高校公共体育教学改革的分析框架，不仅要依据国家政策和教育方针以追求合法性与合规律性，而且要求以学生全面发展为旨归的合目的性。归根结底，推进高校公共体育教学改革的最终目的是要更好地促进学生全面健康地发展，一切工作都要紧紧围绕这个目的来进行开展。一方面，促进学生全面健康发展是体育教学改革实践的核心追求。《"健康中国2030"规划纲要》指出："把健康教育作为所有教育阶段素质教育的重要内容。"国务院办公厅《关于强化学校体育促进学生身心健康全面发展的意见》也提到："强化学校体育是实施素质教育、促进学生全面发展的重要途径。"由此可知，无论是健康中国战略对高校体育教学改革的客观要求，还是党和国家对体育教育工作的政策文件要求，其最为核心的诉求都归结为一点，即让学生能够更科学、更有效地实现体育知识技能的增进和身心健康和谐的发展，使其能够在体育锻炼中享受乐趣、增强体质、健全人格、锤炼意志，进而为自身健康成长和终身发展奠定基础。另一方面，对于学生而言，通过将健康中国战略内容与高校公共体育教学改革相结合，不仅能够增强体育运动项目的多样性和趣味性，让其将体育运动视为一种主动尝试习得的乐趣而非枯燥无趣的负担，从而养成体育锻炼的长期运动习惯，而且能够使其在体育运动活动中缓解日常较大的心理压力，养成积极向上、开朗乐观的性格品质，从而实现身心健康和谐发展。由此出发，构建分析框架必须将促进学生全面健康发展作为贯穿始终的价值理念加以坚持，始终以此为衡量高校公共体育教学改革开展情况与最终成效的依据和准绳。

2. 分析框架构建的基本原则

普通高校公共体育教学改革分析框架构建不仅要遵照一定的政策和目的依据，而且需要遵循必要的基本原则。结合政策内容和对象特征，主要考量以下原则。

（1）方向性原则。

方向性原则是指所构建的分析框架必须符合健康中国战略的发展方向，并能够对高校公共体育教学改革分析提供思想引领。这一原则包含两层意蕴：一

第2章 健康中国战略下普通高校公共体育教学改革的政策依据、理论基础与分析框架

是整体分析框架构建上的思想先进性,即坚持以习近平新时代中国特色社会主义思想为指导,深入贯彻落实习近平总书记关于健康中国战略和关于体育的重要论述,把"健康第一"理念始终贯穿在整个研究的全要素、全维度和全过程,严格落实"立德树人"与高校公共体育教学活动相结合,将是否坚持以健康教育理念为中心、是否以为党育人、为国育才为使命、是否以促进学生全面自由发展等作为判断教学改革效果的重要标准和分析研究的出发点。二是具体分析内容上的方向正确性。构建分析框架是为了从应然层面明确健康中国战略下高校体育教学改革的核心要素,并通过实证调研以从实然层面推进健康中国战略要求在我国普通高校公共体育教学改革中的落实。因此,在对具体分析维度的划分和要素内容的分析上必须以此为指导和依据,确保后续调查数据获取和现状分析、差距比对与存在问题的原因分析、针对问题解决的理性思考并提出建议对策等研究步骤,均能够不偏离既定的研究目的和方向,以确保研究过程和结果的合目的性和有效性。

(2)科学性原则。

科学性原则是指判断某一事物是否符合客观实际,能否反映出其客观本质和内在规律,可以将其概括为合规律、合事实、合逻辑、合规范等特质。合规律是指公共体育教学改革分析框架的构建要符合高校体育教学改革的一般性规律、青少年体育知识和技能习得的认知性规律,以及不同学生身心健康发展的特殊性规律,只有顺应和遵循规律才能够真实地反映出事物的本来面目并朝着正确的方向发展;合事实是指公共体育教学改革分析框架要能够客观真实地记录一地区高校公共体育教学改革的现实状况,分析维度和指标能够真实客观地观测出健康中国战略下高校开展公共体育教学改革的实然运行状况;合逻辑是指高校公共体育教学改革分析框架的各个维度、各个要素之间关系明确,不存在相互重叠和界限模糊的情况,能够形成关系自洽的逻辑闭环,同时各维度和各要素概念所指向的内容是明确的和清晰的,能够通过简洁明了的语言和鞭辟入里的话语对现实中存在的问题进行阐述、对导致问题产生的深层次因素进行全面探究、对问题解决的建议对策进行合理论述;合规范是指公共体育教学改革分析框架符合国家和地方对高校整体教学改革的规范性要求,符合学校自身

长短期发展规划，实现事实与价值的统一。

（3）系统性原则。

系统性原则是指构建的分析框架要素之间要具有一定的逻辑性，充分体现出各个因素之间相关关联、相互影响的关系。首先，系统是由两个或两个以上的要素组成的整体，单一的要素构成不了系统，这意味着高校公共体育教学改革分析框架中的任何一个要素都是不可或缺的，不同要素之间既有体现出各自特性的区别，同时又相互依存而彼此难以独自运行和发挥整体功能。其次，构成系统的各要素处于不同的地位和层次，不同的地位和层次也就构成了不同程度的子系统，这就要求在构建分析框架时，要对各个要素在整个系统中所处位置的重要性及其所承担功能的发挥进行合理划分，并且严格遵循分析框架的内在逻辑结构，在设计伊始就要对彼此之间逻辑关系和运行顺序进行系统安排，处理好各个要素之间的关系，力求达到对高校公共体育教学改革内容的有机整合，使其能够按照一定逻辑有序运行。最后，系统总是处于运动状态之中的，要想保障系统内部要素始终适应外部环境的变化，就必须以在动态运行中保持自身与环境的平衡以及内部各要素之间的平衡。这就要求在构建分析框架时要充分考虑教学改革的时代背景，要能够体现出当前社会对高校公共体育教学改革的新要求，同时也要为内部要素不断根据外在环境变化而预留发展空间。

（4）创新性原则。

创新性原则是指要打破固有的思维模式和行为习惯，从新的角度和新的方式进行思考和实践，是对传统教学内容、教学方式、教学评价等方面的超越与发展，从而得出符合当时当地发展需求的创造性结论。首先，对高校公共体育教学理论的创新。健康中国战略的实施对高校公共体育教学改革提供了新的理论视角，即将"健康第一"作为公共体育教学的核心理念，这就要求在构建分析框架时要摒弃固有的传统体育教学思维，善于从已有的公共体育教学实践中生成新的具有中国特色的教学理论体系，从而适应新时代体育教学理论创新的需求。其次，对高校公共体育教学实践的创新。开展科学研究不仅可以进行理论创新，也可以指导创造出新的实践举措，实施健康中国战略归根结底是要提高民众的健康素养，对于大学生而言就是要提高其综合素质和身心健康发展水平，因此对高校公共体育教学活动而言，如何能够更好地实现这一目标才是主要任务，这就意味着在构建分析框架时要以实践为导向，能够真正地为教学实践的创新提供理论指导和数据支撑。最后，对高校公共体育教学方法的创新。健康中国战略下的高校公共体育教学改革要重视大数据、物联网、区块链、人工智能等数字化技术的运用，在体育运动数据和教学工具手段上实现与时俱进，不断推进体育教学的智能化、个性化和精准化，实现教学内容和学生需求的有效匹配，提高实践教学效果。

2.3.2 分析框架的基本维度和内容体系

从上述分析出发，根据我国健康中国战略目标和内容以及相关的教育教学理论，特别是泰勒的课程与教学理论，初步形成了健康中国战略下普通高校公共体育教学改革研究的分析框架，如图2-1所示。

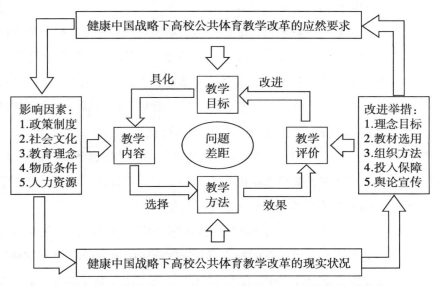

图2-1　健康中国战略下普通高校公共体育教学改革研究的分析框架

如上图所示，根据健康中国战略下普通高校公共体育教学改革应然之要求，对公共体育教学目标进行具象化分析，从而使得健康中国战略下公共体育教学内容得以明晰，对于不同的教学内容有针对性地选择适切的教学方法以期达到良好的教学效果，最终教学评价环节既要有对教学效果的综合评价，也要回应教学目标是否得以实现。在对标健康中国战略要求中，从政策制度、社会文化、教育理念、物质条件、人力资源等因素查摆差距存在的成因，试从理念目标、教材选用、组织方法、投入保障、舆论宣传等方面入手形成合力，推进健康中国战略下普通高校公共体育教学改革的不断深入。但从具体分析维度来看，本研究将健康中国战略内容与普通高校公共体育教学目标、内容、方法、评价相结合，形成了与研究目的相契合的框架内容体系。

1. 健康中国战略下普通高校公共体育教学的目标

教学目标主要解决的是"为什么而教"的问题，是教学之前对学生知识与技能、情感态度、价值观的发展的预期及教学之后这些预期的达成度，同时也是后续开展教学评价的重要依据和参考标准。在教学过程中，教学活动从始至终都是以教学目标为导向和标准，具体的活动工作安排也都是始终围绕实现教学目标而进行和展开的，具有引导教学方向、激发学生学习动力、为教学评价提供标准，以及对教学过程进行调节和控制的功能。健康中国战略下的普通高校公共体育教学目标，主要解决的是"为什么教"，以及"教成什么样"的问题，这些深刻影响着体育教育内容的确定、体育教学方法的选择，以及体育教学评价的方向和标准。具体来看，其既要回答"我们组织开展公共体育教学是为了什么"的问题，从而在整个公共体育教学过程中指导和引领着教师"教"和学生"学"的活动，又要回答"健康中国战略下的公共体育教学目标是什么"的问题，这也是本研究首先要解决的核心问题。而要回答这个问题，就必须从健康中国战略和公共体育教学两个方面来进行论述。

第一，"健康第一"是健康中国战略所要追求的核心目标理念，同时也应该是新时代高校公共体育教学改革的首要目标。《"健康中国2030"规划纲要》明确提出"全面健康是建设健康中国的根本目的"，要"提供公平可及、系统连续的健康服务"，从而在更高水平上增强全面综合健康素质，实现高质量的全面健康。从这一目标出发，我们在确定高校公共体育教学目标时，就必须要为学生提供科学有效的健康服务，促进其身心健康发展为核心目标。这主要体现在：首先，要把健康教育作为公共体育教学的第一位目标，即将"健康第一"的现代健康理念融入到课程教学预设目标中,要将学生是否能够潜移默化地养成健康运动习惯,形成终身体育生活方式作为最终的目标追求。其次,要把健康教育的有效性作为公共体育教学的重要目标之一,即学生能否掌握进行自我健康管理的方法和生活方式,高校教师能否将"大健康观"与德智体美劳等教育活动相贯通,依托课堂教学和课外活动使健康教育理念和意识真正入脑入心。最后,要把健康教育的长期性作为公共体育教学的目标追求,即学校是否高度重视学生的心理健康、疾病预防和安全防范意识,是否对长期存在的重体育运动技能掌握、轻身心健康意识养成,重健康问题解决、轻卫生疾病预防,重健康知识传授、轻自我健康维护能力形成等状况进行纠偏,等等。

第二,"大体育观"是高校公共体育教学改革的重要目标理念。《全国普通高等学校体育课程教学指导纲要》提出,体育课教学目标分为基本目标和发展目标,包括运动参与、运动技能、身体健康、心理健康、社会适应五个领域目标。2018 年,习近平总书记在全国教育大会上对学校体育提出了"享受乐趣、增强体质、健全人格、锤炼意志"的时代使命要求。由此出发,健康中国战略下高校公共体育教学理念和目标应以更大的事业、更大的格局来进行定位,即树立"大体育""大健康"的理念与目标,这就要求我们在确定教学目标时要做到:一方面,把体育看成是社会文明发展、科学技术进步和民族素质提高的综合产物,从宏观和整体上把握体育同社会经济、文化、教育等方方面面的发展关系,并将此作为确定健康中国战略下公共体育教学的新目标,充分发挥体育教学在促进学生全面发展、提升健康等方面的特殊作用;另一方面,要把体育作为实现"健康第一"理念的重要途径和方法,公共体育教学目标不是一成不变的,而是时刻处于变化之中,这就要求我们在对其目标进行分析时要将普通高校公共体育教学作为健康中国战略的组成部分,树立整体意识,以是否发挥体育教学的综合效应、是否促进学生的终身发展来作为判断的重要依据。

2. 健康中国战略下普通高校公共体育教学内容

教学内容主要解决的是"教什么"的问题,是教学过程中同师生发生交互作用、服务于教学目的达成的动态生成的素材及信息,是学与教相互作用过程中有意传递的主要内容,是教学目标的系统化、合理化与具体化,内容是否能够科学合理地体现教学目标对最终教学效果的达成有着重要影响作用。健康中国战略下高校公共体育教学内容的确立，必须从"健康第一"和"大体育观"的核心教学目标理念出发，由公共体育教师根据不同地区、不同学校、不同社会背景的学生发展需要以及教育教学条件，依托体育教学内容的实体（课程）和内容的载体（教科书），对体育知识原理、运动技术和比赛方法等进行传授而形成。具体来看，其主要回答健康中国战略内容对公共体育教学内容提出了哪些新的要求，以及选择何种教学内容才能更好地达到预设的教学目标。要回答这个问题，就要求我们在确定分析内容时特别注意健康中国战略内容的健身性和公共体育教学内容的全面性。

第一，从健康中国战略内容要求出发，高校公共体育教学内容必须从学生个体需要出发，强调内容的健身性。健康中国战略内容中的健身性是相对于以往的应试性而言的，《"健康中国2030"规划纲要》提出要"将健康教育纳入国民教育体系，把健康教育作为所有教育阶段素质教育的重要内容"，这意味着高校公共体育教学内容作为素质教育内容的重要组成部分，其科学合理与否要以是否将健康中国所提出的健康教育知识和技能传递给学生，从而培养学生的身体运动兴趣，促进其健康的人格完善与全面发展为重要参照标准，对教学内容的选择要以是否能够根据高校学生的年龄特点和身心发展规律，创造性地开发构建具有中国特色的健康教育教材与课程，如将武术、射艺、蹴鞠等中华传统体育项目融入到课程内容中，并使学生能够真正科学地掌握基本的体育锻炼和健康知识，形成一定的健康运动技能，养成健康的身体运动习惯和生活方式，从而促进健康教育的有效开展和目标实现为原则。这也意味着，我们在对教学内容进行分析时要以"健康教育"目标理念为指导，聚焦真正能够促进学生身心健康发展的课程资源，以及高校是否能够将已有教材内容与健康中国战略内容要求进行整合以使其与之契合，是否能够扎根中国大地创造性地提出具有创新性的公共体育教学内容。

第二，从体育教学发展规律出发，其教学内容要充分提出学生发展的全面性。健康中国战略下的高校公共体育教学内容既是健康中国战略的目标在课程知识选择和教学实践活动中的落实，又是高校根据自身体育教学条件和水平，能动地参照健康中国战略理念要求进行持续更新的过程体现。这就要求我们在对各高校开展体育教学内容革新情况进行分析时,要重点考察其是否围绕学生个体的内在需求和精神要求,来选择适合达到特定教学目标的学习经验和教学内容;是否能够做到通过生活化、趣味化、情景化的教学内容要素,来激发学生内心对教学内容的主动探索与接纳;是否能够通过将学生的外在身体体验与内在心理需要相结合,使其享受到较为理想的精神体验。此外,还要考察其是否能够从多种学科相互交叉和融合的视角出发,推动本校公共体育教学内容与其他相关专业学科的链接与融合,拓展学校体育在整个社会领域中的边界,将体育教学内容的范围延伸至社会生产生活。

3. 健康中国战略下普通高校公共体育教学方法

教学方法主要解决的是"怎么教"的问题,是在学校教学活动中,教师和学生为了完成教学任务、实现教学目的所采用的一系列具体的方式和手段的总称。泰勒指出:"为了使教育经验产生累积效应,必须对它们加以组织,使它们起相互强化的作用。"[1]在实际教学中,教师要根据实际情况选择一种教学方法或综合运用多种教学方法,方能有效组织教学内容,达到教学目标。健康中国战略下的高校公共体育教学方法的选择,必须以是否能够有效地将健康中国战略内容传递到学生认知结构和行为习惯中为标准,要以公共体育教师是否能够充分了解、学习和掌握现代科学的教育教学方法,并将其与公共体育教学目标、内容和学生实际需要相结合,从而因地制宜地创设出有效的方法途径,增强体育教学效果为考察因素,这直接关系到健康中国战略内容要求和公共体育教学活动目标和任务是否能够直接有效地达到预期教学效果。具体来看,这要求我们在分析教学方式时要做到:

第一,确保公共体育教学方法能够适合不同学生的身体条件和个性需求。《"健康中国2030"规划纲要》指出:"学生每周坚持参与体育锻炼活动,学生根据自身体质状况采取行之有效的3次以上体育锻炼活动,并确保每次体育活

---

[1] 拉尔夫·泰勒. 课程与教学的基本原理[M]. 施良方, 译. 北京: 人民教育出版社, 1994: 66.

动的时长在 1 小时以上，掌握 1 项以上为终身健身服务的体育运动项目。"这一方面决定了在高校公共体育教学方法选择的判断标准上，不能单单局限于以往的传统课堂教学，而应该更为注重对学生自身体质状况的关注，采用适合不同体质学生运动的体育教学方法，并注重通过恰当的手段使学生养成长久良好的体育运动习惯和生活方式。另一方面要以是否契合学生自身的个体条件为重要参照。高校学生的年龄、性别、专业、体质等特征和学习水平是影响教学方法选择的重要因素，也就要求教师在组织健康教育活动时，不仅要充分考虑自身的教学能力，还应具体问题具体分析，根据学生的差异化特征选择与之相契合的个性化教学方法。

第二，确保公共体育教学方法能够取得良好的健康教育效果。归根结底，健康中国战略下的高校公共体育教学方法主要解决的是教学模式、方法、手段，以及组织形式等方面如何开展的问题，是实现体育教学目标，有效组织体育教学内容，使其能够充分、真正作用于学生身心活动的关键所在。而要想达到健康中国战略所要求的任务目标，首先，需要学生主动进行体育运动，否则优良的体育教学环境和严格的管理制度也难以保证教学效果，因此在对教学方法层面进行分析时要重点考察高校公共体育教师是否转变传统的讲课教授为与学生互动的教学模式，是否能够有效地提高学生的参与积极性，以及是否能够积极利用现代信息技术手段提高其主动参与体育教学活动的兴趣；其次，教学方法及其选择是为教学目标和任务服务的，这就要考察教师在落实健康中国战略过程中是否能够细致分析各种教学方法和目标要求之间的内在关联，并根据不同的教学内容和特点选择合适的教学方法；最后，高校公共体育教学的时空条件、教学环境和手段的现代化程度都制约着对教学方法的选择，这就要求各高校要根据自身状况灵活选择恰当的方法，以最大限度取得最佳效果，其是否通过创新教学方法和模式，充分利用网络课程、慕课、微课等方式实施健康教育，直接关乎着健康中国战略要求在公共体育教学活动中的落实程度。

4. 健康中国战略下普通高校公共体育教学评价

教学评价主要解决的是"教得怎么样"的问题，是对教学活动是否满足社会发展和个体发展需要的程度的一种价值判断，泰勒则将其看作是诊断学习经验在教学活动中带来多少预期结果的过程。健康中国战略下的高校公共体育教学评价，不仅要判断健康中国战略要求是否在公共体育教学活动中取得了应有的预期效果，也在一定程度上检验着公共体育教学目标的优劣和是否符合实际状况。因此，在对评价指标进行确定时，既要充分考虑到公共体育教学活动效果对健康中国战略要求的实现程度，又要考虑到教学效果是否最终促进了学生德智体美劳全面发展。具体来看，这就要求我们在确定教学评价衡量标准时要重点关注。

第一，高校公共体育教学评价的价值理念、主体地位和方式方法是否得以更新和转变。健康中国战略的提出在一定程度上为改变高校公共体育教学评价模式提供了一定契机，这主要体现在以下几方面：①健康中国战略所倡导的"健康第一""以生为本""终身体育"等理念，对高校公共体育教学评价的价值理念提出了新的要求，即要考察高校是否改变了以往体育教学不重要、形式化、重结果等不良认知，是否做到了充分发挥教学评价促进学生体育运动能力提升，以及教师专业教学素养提高的积极影响；②"以生为本"理念则要求我们在对公共体育教学活动开展效果进行考察时要关注学生的评价主体地位是否形成，评价在课堂教学过程中的监督调节功能是否得到有效发挥，学生自觉的运动习惯是否得到了有效培养等；③健康中国战略提出要普及健康科学知识，大幅提高全民的健康素养，普及健康生活方式，让大众养成良好的健康生活习惯。这就要求在进行效果评价时，不仅要看其是否体现出对学生体育知识和技能的考核，更要看其是否重视学生对体育运动的认知和态度、学生运动爱好和习惯培养、独特个性和积极心态的考核。

第二，高校公共体育教学评价是否真正发挥了导向、诊断、激励和改进的教学评价功能。这意味着我们在对高校公共体育教学评价工作进行考察时，首先，要看其是否能够有效判断出教学效果对预期教学目标的实现程度，即能否做到对标健康中国战略的政策目标和核心要求，对高校公共体育教学改革的目标进行分解，形成能够体现健康教育理念的不同层次的子目标，进而形成系统、科学、合理的评价指标体系，以判断教学效果是否契合应然要求；其次，教育评价的一项重要功能就是激励，这就意味着要考察高校公共体育教学评价工作能否促进教师参照健康中国战略校对教学目标、内容和方式的创新,能否促进学生积极主动地将健康教育理念融入到日常生活和学习中去;最后,在对高校公共体育教学评价情况进行判断时,还要看其是否能够利用多种渠道向政府、管理者、教师、学生、社会等多方主体反馈教学评价结果的信息,是否能使评价对象真正反省自身状态、克服自身所存在的不足,以便在今后的体育教学过程中加以改进,同时也能在一定程度上激发评价对象之间的相互比较,增加教学目标的达成度。

  从以上分析可知,健康中国战略下的高校公共体育教学目标、内容、方法和评价是一个相互联系、密切相关的要素系统,分别在教学改革过程中发挥着相应的不可替代的作用。本研究主要基于以上四个方面来审视健康中国战略下我国普通高校公共体育教学实践状况与应然要求之间的差距,并通过实证调研方法深入探究造成这一差距的根源所在,并有针对性地提出改革高校公共体育教学实践的对策建议。可以说,这一分析逻辑贯彻整个研究过程始终,是本书开展相关分析的基本遵循线索。

第 3 章　陕西省普通高校公共体育教学实证分析

数据资料是开展实证研究的基础和支撑。为全面了解健康中国战略下普通高校公共体育教学开展的现状，笔者在系统梳理现有文献和理论研究成果的基础上，利用自己便利的工作条件，以陕西省普通高校为研究对象，采用问卷调查、深度访谈、有效观察，以及案例分析等方法，对健康中国战略下陕西省普通高校公共体育教学的状况进行了调研分析，以期了解和掌握其体育教学状况与健康中国战略要求之间的差距。

3.1 调研设计

本研究在开展正式调研之前，首先根据研究需求确定了研究目标对象，并进行了相应的调查问卷设计和访谈提纲拟定，获取了较为翔实的一手资料，为后续研究开展奠定了较为坚实的资料和数据支撑。

3.1.1 对象选取

为全面了解和掌握健康中国战略下陕西省普通高校公共体育教学状况，我们根据研究目标的不同和实际研究内容的需求，分别形成了四类对象。一是以陕西省普通高校公共体育教师总体为研究对象，从面上对陕西省普通高校公共体育教学的状况进行了全面了解。截至 2020 年年底，陕西省共有普通高校 96 所，从学校构成来看，"双一流"高校有 8 所，普通本科院校 49 所，高等职业技术学院 39 所，普通高校公共体育教师总数在 4500 人以上。二是通过分层抽样的方式形成研究对象样本,面向陕西省普通高校公共体育教师(包含高校体育管理者)、学生发放调研问卷,包括主观和客观两部分,以了解当前高校公共体育教学的具体水平与状况。三是从已形成的研究对象样本中,选取部分体育教学管理者和相关体育教师开展深度访谈,深入了解当前高校公共体育教学的水平与状况,探讨产生当前高校公共体育教学现状与健康中国战略目标之间存在差距的原因。四是选取1所在健康中国战略下实施教学改革颇有成效、具有典型价值的高校作为案例,为提出健康中国战略下普通高校公共体育教学改革的对策建议提供依据。

3.1.2 工具设计

本研究主要采用问卷调查和半结构化访谈的方法来开展实证调研工作,根据理论梳理情况和健康中国战略要求,面向陕西省普通高校公共体育教学管理者、公共体育课教师和学生分别设计相应的调研问卷和访谈提纲,从而收集反映当前高校公共体育教学改革状况的数据资料,并通过预调研验证问卷的信效度,从而保证调查问卷的有效性和适切性。

1. 调查问卷设计

本研究从更具体的层面,对高校公共体育教学的教学理念与目标、教学内容、教学方法、教学评价等方面做更细化的调查。其中,高校公共体育教学过程中教师队伍状况、学生体质健康状况、教师与学生对高校公共体育教学的整体认知状况能在较客观的程度上对高校公共体育教学的成效加以印证。这也是鉴于问卷调查的设计必须满足系统性、科学性、可操作性、可分析性等要求来确定的。本问卷在结合国家体委学生评教问卷的基础上,结合陕西省普通高校公共体育教学的实际加以优化和完善。问卷主要围绕深入了解陕西省普通高校公共体育教学现有基本情况、扫描排查陕西省普通高校公共体育教学中存在的突出问题、广泛听取陕西省普通高校公共体育教师和学生对体育教学的意见建议而进行设计。

根据调研的总体设想,提前拟定了两种不同的调查问卷,一种是面向高校公共体育教学公共教师(包括管理者)(见附录1),第二种是面向高校体育课程教学的各类学生（见附录2）。每一种问卷均包括客观部分和主观部分，客观部分又分为两类：一类是对基本情况的调查，教师主要调查性别、年龄、学历、专业、职称、教龄、每周上课时数等信息，学生则主要调查性别、身高、体重、年级、每周上课时数等内容。另一类则为五级量表形式，是问卷的主体部分，教师问卷和学生问卷的主要内容都包括三个部分，其侧重点各有不同：教师问卷主要包括对健康中国战略的认知类调查，对健康中国战略背景下陕西省普通高校公共体育教学的总体概况，有关体育教学的目标、内容、方法、评价等维度的现状调查，以及对健康中国战略下高校公共体育教学存在的问题和因素调查；学生问卷则包括对当前大学生体育健康认知水平的调查，诸如学生对健康的认识、学生对自身健康状况的认识、学生体质健康现状等，以及大学生对普通高校公共体育教学满意度的调查。主观部分则主要调查教师和学生对关于健康中国高校公共体育教学未来发展的对策建议，以及对学校体育课教学或体育与健康教育的期望。

2. 访谈提纲设计

在数据收集阶段，研究者从已有的理论知识出发，形成与访谈对象对话主题的提纲，这些先存认知帮助研究者起到"启动分析框架"的作用。本研究的访谈提纲为半结构式，在设计时遵循两个基本条件：第一，"问题是事先准备的，并且只准备一部分（半结构），要通过访谈员进行大量改进；第二，要深入事实内部"[①]。事先准备好访谈提纲后，在实施访谈过程中对访谈对象进行引导性的提问，并不断改进访谈提纲。最终，使访谈提纲能够描绘、提炼、透析出当前普通高校公共体育教学的现状、问题、原因及对策。围绕这个目标，设计的访谈提纲如下（提出4个问题）：①您觉得当前健康中国战略下普通高校公共体育教学中的现状如何？取得了哪些成效？②您认为当前健康中国战略下普通高校公共体育教学中的问题有哪些？③关于健康中国战略在高校的实施您是否满意？满意的是什么？不满意的是什么？您认为导致当前高校公共体育教学

---

① WENGRAF TOM. Qualitative Research Interviewing: Biographic Narrative and Semi-Structured Methods [M]. London: Sage Publictions, 2001.

问题的原因有哪些？④您对健康中国战略高校公共体育教学发展未来的政策有何建议？

3.2 调研过程

在设计确定好调研问卷和访谈提纲后，需要根据调查对象和调查者的实际状况开展相应的工具发放和数据收集工作，在这一过程中要注意充分考虑自身的便利条件、调查对象的代表性和典型性、数据资料的真实性和适切性等问题。

3.2.1 问卷的发放和收集

问卷调查过程分为三个步骤：第一步，进行问卷样本选择和抽样；第二步，对问卷问题的信度和效度进行分析；第三步，发放问卷和回收问卷。

1. 问卷样本选择

本研究涉及的问题与陕西省普通高校公共体育教学的管理者和教师有关，以随机抽取的方式，来确定陕西省内普通高校作为问卷的调查对象范围。在已经确定的调查对象范围中通过抽样确定调查样本。所选择的样本应具有代表性，并且能代表总体的现状，也能保证样本的可操作性和可获得性。高校公共体育教学是教师的教和学生的学主体间有效互动的活动。体育教学教师（包括体育教学管理者）和学生对当前体育教学现状的看法直接决定了体育教学的有效性，因此本研究通过问卷调查法重点了解这两大类群体对高校公共体育教学现状的认知，以补充访谈对话收集到的数据结果。本研究问卷的调查内容决定了被调查者必须为高校公共体育教学的相关管理者、大学公共体育课教师、学生。在调查方式上，选择了网络问卷和书面调查问卷相结合的方式。

2. 问卷问题的信度和效度分析

在完成前期初步设计的调查问卷后，作者进行了问卷调查的预测试。于2020年12月25日至2020年12月28日，发放预试测问卷30份，向高校公共体育教学教师（包括体育教学管理者）和学生两类不同人群各发放问卷15份，回收率达100%。通过向陕西省内高校体育教学指导专家问询，对问题进行重新筛选，将回收问卷进行进一步修订与完善。采用重测法对修订后的教师问卷和学生问卷进行信度检验，在调查对象范围内间隔两周，简单随机抽取10名教师、50名学生（两次填写对象相同、问卷内容相同、部分题目顺序有所调整）填写问卷，通过SPSS23.0软件进行统计处理分析，计算相关系数，得到教师问卷、学生问卷相关系数分别为 $R_1=0.807$（$P<0.01$），$R_2=0.824$（$P<0.01$），相关系数均大于0.7，均呈现0.01水平的显著性，结果表明教师问卷与学生问卷具有较高可信度，数据质量较好。由表3-1可知，对学生问卷量表部分进行克隆巴赫信度检验，Cronbach α系数为0.729，大于0.7，学生问卷量表部分的信度也较高。

表3-1　普通高校公共体育教学现状调查问卷（学生版）量表部分Cronbach信度分析

名称	校正项总计相关性（CITC）	项已删除的α系数	Cronbach α系数*
您对"健康中国"战略的熟悉程度	0.516	0.676	0.729
您对自己健康的重视程度	0.349	0.722	
您对当前体育教学内容的满意程度	0.609	0.658	
您对当前高校体育教学评价方式的认可度	0.634	0.644	
学分获取难易程度是我评价体育课程好坏的重要参考标准	0.318	0.725	
您对学校体育设施的满意度	0.586	0.657	

*：标准化Cronbach α系数为0.747。

采用专家效度法与KMO和Bartlett检验，对健康中国战略下普通高校公共体育教学现状调查问卷（教师版）与健康中国战略下普通高校公共体育教学现状调查问卷（学生版）进行效度分析。共向9位高校体育教学专家进行调查，最后根据专家意见和建议对问卷进行完善，结果见表3-2～表3-4。

表 3-2 参与普通高校体育公共教学现状问卷效度分析专家的基本情况统计（总人数 N=9）

职称	人数	百分比
教授	5	55.56%
副教授	4	44.44%

表 3-3 普通高校公共体育教学专家对本研究调查问卷效度评价结果（总人数 N=9）

问卷效度		非常合理	合理	比较合理	不合理
教师版问卷	结构效度	3（33.3%）	5（55.6%）	1（11.1%）	0（0%）
	内容效度	4（44.4%）	4（44.4%）	1（11.1%）	0（0%）
学生版问卷	结构效度	2（22.2%）	5（55.6%）	2（22.2%）	0（0%）
	内容效度	2（22.2%）	6（66.7%）	1（11.1%）	0（0%）

从表 3-2 与表 3-3 专家对问卷效度的评价结果可知，认为教师问卷与学生问卷的结构效度、内容效度非常合理的占 22.2%~44.4%，认为合理的占比 44.4%~66.7%，认为比较合理的占比 11.1%~22.2%，认为不合理的占比 0%，认为问卷效度合理及以上的占比 100%，以上数据表明，教师问卷与学生问卷的整体设计具有合理性，问卷效度较高。如表 3-4，对学生问卷量表部分使用 KMO 和 Bartlett 检验进行效度验证，可以看到 KMO 值为 0.790，在 0.7~0.8 之间，且通过 Bartlett 球形度检验（$p<0.05$），即说明学生问卷量表部分的数据效度也较高，适合提取信息。

表 3-4 普通高校公共体育教学现状调查问卷（学生版）量表部分 KMO 和 Bartlett 检验结果

KMO 值		0.790
Bartlett 球形度检验	近似卡方	753.749
	df	15
	P 值	0.000

3. 发放、回收问卷

为直接获取相关一手数据，调查问卷分别向高校公共体育教学管理者、高校教师和学生发放，以系统掌握陕西省普通高校公共体育教学的实施现状。发放问卷采用的方式是通过问卷星软件平台直接委托陕西省普通高校的体育管理者，帮助作者向本校的高校公共体育教学老师发放问卷；同时，问卷数据收集共持续了2个月。发放的方式主要是通过电子邮件将问卷的链接或是以微信填答的方式发送给被访者，同时也采用现场发放问卷、现场填写、现场查收的方式，保证抽样的有效性。为了保证所回收问卷的有效性和完整性，研究者在问卷填写中设置了完整性检查和提示。在问卷分析前进行了过滤筛查，对所有答案都相同的问卷填写视为无效问卷。同时，所有答案都为"其他"或"同一位置选项"的问卷也视作无效问卷。2021年2月—2021年8月间，开始了调查问卷的发放工作，发送调查问卷的链接数量为781份，回收的调查问卷总数为711份，最终有效的调查问卷数量为691份，调查问卷的回收率为91%，回收的有效问卷与发放数量的比例为88%。在最终收到的691份有效问卷中：来自陕西省普通高校公共体育教师的问卷207份，来自陕西省普通高校学生的问卷有484份。从受访者所在学校的分类来看，来自"双一流"普通高校的调查问卷占总数比的21%，来自普通本科院校的调查问卷占总数比的65%，来自高等职业院校的调查问卷占总数比的14%，样本分布具有一定的代表性，调查问卷样本分布情况如表3-5所示。

表3-5 普通高校公共体育教学调查问卷样本分布情况 （总人数N=691）

高校分类	问卷来源百分比情况（%）
"双一流"高校	21%
普通本科院校	65%
高等职业院校	14%

3.2.2 调查访谈的实施

有针对性地选取21名体育管理者和高校公共体育教师进行深度访谈，了解其对高校公共体育教学现状、问题、原因及对策方面的一手资料。

1. 访谈对象的确定

陕西省教育历史悠久，也是高校公共体育教学强省，知名高校林立，专家学者汇聚。本研究以陕西省普通高校公共体育教学管理者、高校公共体育教师为访谈对象，进行深度访谈。选取访谈对象的原因如下：所选高校在陕西省不同类型高校中具有很强的代表性，访谈对象从事高校公共体育教学多年，或是具有丰富的高校公共体育教学管理经验，或是具有丰富的高校公共体育教学一线工作经验，对当前普通高校公共体育教学的实际现状有较为深入的了解。需要特别指出的是，受访者中还包括两位教育部高等学校体育教学指导委员会委员。鉴于质性研究本身样本选择量较小，本研究从高校公共体育教学实施现状出发以确定访谈的框架，然后在框架内依照与访谈对象的互动信息、话语情景的独特指向以及其本身属性的结构性不断展开谈话深度，则可使访谈研究在更广阔的范围和更深入的层次取得突破，所获得的信息本身就是具有一定意义的结论。在向受访者说明进行访谈的目的以及所要访谈的具体内容之后，在征得受访者同意的前提下，以作者的人脉所及与受访者推荐的形式进行滚雪球抽样，从而确定下一轮的受访者名单。鉴于访谈前需要受访者对本研究的问题具有一定程度的理解和认知，因此，我们所选择受访对象都为硕士或硕士以上的学历，且都是积极活跃、信息丰富、乐于分享的个体，最终确定了21个受访对象名单，受访者的基本资料如表3-6所示。

表3-6 受访者基本资料

受访者高校所在类别	受访者序号	访谈对象	所在单位	学位	年龄	工作年龄	职称	任教课程
"双一流"高校	1	A	XY高校	硕士	52	29	教授	排球
	2	F1	DT高校	博士	50	26	教授	篮球
	3	R7	JP高校	硕士	52	29	教授	跆拳道
	4	P	JP高校	硕士	50	26	教授	羽毛球
普通本科院校	5	Z7	DT高校	博士	39	13	副教授	武术
	6	B2	EE高校	博士	55	30	教授	网球

续表

受访者高校所在类别	受访者序号	访谈对象	所在单位	学位	年龄	工作年龄	职称	任教课程
普通本科院校	7	E	EE 高校	硕士	47	21	教授	足球
	8	H5	BL 高校	硕士	55	23	教授	健美操
	9	Y	BN 高校	硕士	43	18	副教授	乒乓球
	10	D6	YW 高校	本科	57	35	副教授	健美操
	11	J	CM 高校	本科	51	29	副教授	排球
	12	L1	FZ 高校	硕士	41	14	讲师	田径
	13	G1	VV 高校	硕士	27	1	讲师	健美操
	14	M5	VV 高校	硕士	34	8	讲师	散打
	15	N	CM 高校	硕士	27	2	讲师	瑜伽
高职高专院校	16	S7	XS 高校	硕士	50	25	教授	足球
	17	C	EV 高校	硕士	52	27	副教授	排舞
	18	K	DK 高校	本科	49	25	副教授	田径
	19	Q3	XS 高校	硕士	42	19	讲师	排舞
	20	T	DK 高校	硕士	33	7	讲师	篮球
	21	Z1	EV 高校	硕士	26	1	讲师	田径

2. 访谈程序

与各位访谈者提前约定好访谈时间、地点。利用 2021 年 3 月 1 日至 2021 年 3 月 7 日，1 周时间对陕西省的"双一流"高校受访者进行实地访谈；利用 2021 年 3 月 8 日至 2021 年 4 月 8 日，1 个月的时间对普通本科院校受访者进行实地访谈；利用 2021 年 4 月 9 日至 2021 年 4 月 23 日，半个月的时间对高职高专院校受访者进行实地访谈。访谈地点选在管理者或者高校教师所在的普通高校中较为安静与舒适的场所，如办公室、会客室等。在进行访谈时依据现实情况，对访谈提纲进行调整、转述。在访谈开始时，先引入一些访谈者和受访者均熟悉的话题，使彼此初步了解，建立一种和谐愉快的访谈氛围，引导受访者慢慢转入对本研究相关问题的思考，使受访者在放松的情境中思考当前健康中国战略下普通高校公共体育教学的现状，能够较为客观地提出存在的问题，并给出个人的建议与改革方案。在访谈中逐步引导，尽可能引导管理者和高校教师将他们所观察体验到的在普通高校公共体育教学中存在的普遍问题及最为真实的想法全盘托出，从而形成对本研究有价值和意义的原始资料。

第一步，在了解受访者基本信息的基础上，先从他的近期工作状况谈起，进而引出受访者对健康中国战略下普通高校公共体育教学现状的认识，包括对健康中国战略的认识，高校公共体育教学改革的现状、取得的成效、存在的问题以及政策建议等。第二步，依照受访者所表述的内容，结合提纲进行引导性提问。在进行引导性访谈时，要注意将访谈的主题与被访谈者感兴趣或所擅长的问题结合起来，鼓励受访者在陈述某一观点时，举例详细，从而得到更多受访者思想中较为全面和深层次的内容。伴随访谈的深入，访谈者将自己话语表达融入受访者惯用的语言系统中去。第三步，获得受访者的原始资料后进行文本分析。在所有访谈结束后，使用讯飞软件将访谈录音转化为文字，并与录音进行对照、修订，以备后续研究使用。在后期的编码过程中，为准确转述受访者话语的真实意思，访谈者通过回忆、查看笔记、反复听录音等方式，力求做到完整还原受访者所要表达的内容。

3.3 调研结果

2017年10月，党的十九大报告提出健康中国战略，要求"全方位保障我国人民健康"①。高校作为培养国家、社会未来栋梁的基地，在落实健康中国战略中肩负着重要任务，公共体育教学作为提高学生对体育锻炼的认知、强化学生身体素质的"主渠道"，是达成健康中国战略的主要途径。通过对普通高校健康中国战略下体育教学现状的调研，结果如下：

---

① 习近平在中国共产党第十九次全国代表大会上的报告. 新华社，2017-10-27.

3.3.1 陕西省普通高校公共体育教学的总体现状

1. 健康中国战略要求纳入高校体育规划情况

高校体育规划是高校对体育工作的计划与安排，是高校公共体育教学改革的重要依据，是否将健康中国战略要求融入到高校体育规划中，反映了高校管理者对健康中国战略的重视程度。健康中国战略实施以来，对高校公共体育教学工作规划提出了更高标准的要求，但也有部分高校对健康中国战略所提出的要求不够重视。对陕西省现行高校公共体育教学课程标准和体育教学目标进行调研，统计结果如图 3-1 所示。

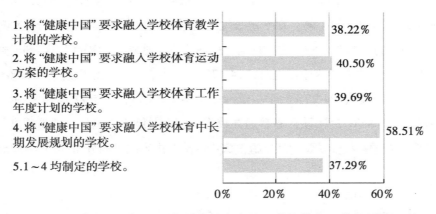

图 3-1　陕西省普通高校将健康中国战略融入学校体育工作规划调研结果分布图（总人数 N=96）

结果显示，被调查的学校中，能将健康中国战略要求融入学校体育中长期发展规划、学校体育工作年度计划、学校体育运动方案和学校体育教学计划的学校仅为 37.29%。其中，能将健康中国战略要求融入学校体育中长期发展规划的学校为 58.51%，将健康中国战略要求融入学校体育工作年度计划的学校为 39.69%，能将健康中国战略要求融入学校体育运动方案的学校占 40.50%，能将健康中国战略要求融入学校体育教学计划的学校占 38.22%。

2. 健康中国战略下大学生健康学习状况

健康中国战略中有三项量化国民健康素质体育考核指标，即到 2030 年人均预期寿命达到 79 岁、城乡居民《国民体质测定标准》合格率达 92.2%、经常性参加体育锻炼人数达 5.3 亿人。这三项国民健康素质指标可以说是对新时期群众体育的发展提出了要求。与此同时，根据教育部预测的 2022 届全国普通高校毕业生人数将达到 1076 万人左右，每年 1000 多万的人群将离开高校进入社会。这充分证明高校承担着庞大的体育教育压力，做好学校体育教学工作极为重要。然而，从调研的实际情况看，高校学生对健康中国战略目标的认知、健康生活方式与行为养成度、体育健康知识与技能的掌握以及对运动技能的习得情况距离健康中国战略的目标仍存在差距。

（1）学生对健康中国战略认知不够。

当前，距健康中国战略正式提升为国家战略已经有 5 年多的时间，考查学生对健康中国战略的了解，在一定程度上能够反映出高校学生对最新体育理念和健康知识的认知与了解。在"您对'健康中国'战略熟悉程度"这一问题中，13.42% 的受访学生表示非常熟悉，24.17% 的学生表示"比较熟悉"，33.06% 的学生表示"一般"，24.79% 的学生选择了"不太熟悉"，4.55% 的学生表示"完全不熟悉"。图 3-2 为 陕西省普通高校受访学生对健康中国战略熟悉程度一览表。陕西省普通高校受访学生所掌握健康中国战略内容的来源分布如图 3-3 所示。

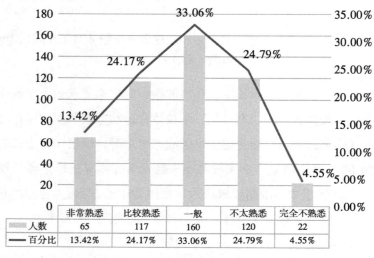

图 3-2　陕西省普通高校受访学生对健康中国战略熟悉程度一览表（总人数 N=484）

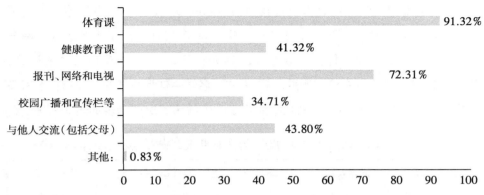

图3-3 陕西省普通高校受访学生所掌握健康中国战略内容的来源分布
（总人数N=484）

从图3-2、图3-3可以看出，约有29.34%的受访学生表示"不太熟悉"或"完全不熟悉"健康中国战略。通过进一步调查发现，对于健康中国战略信息的获取途径这一问题，选择"非常熟悉""一般""比较熟悉"的受访学生中，有91.32%的学生表示他们的主要获取途径是体育课，有72.31%的学生表示他们主要通过报刊、网络、电视等媒体来得到与健康中国战略相关的信息，有43.80%的学生表示他们主要通过与他人交流（包括父母）的途径获得，而仅有41.32%的学生表示其主要通过健康教育课掌握健康中国战略的相关知识，还有34.71%的学生表示其获取健康中国战略知识的主要途径是校园广播和宣传栏等。

（2）学生健康生活方式与行为养成度偏低。

《"健康中国2030"规划纲要》中提到：体育行业要去主动迎合人民对健康的需求，加大对体育与健康人才培养的力度。学生健康生活方式与行为包括是否养成规律的体育锻炼习惯、良好的作息习惯和健康的饮食习惯。从调研的结果看，一是部分大学生还未养成良好的作息习惯，未能执行有规律的健康的作息时间，主要是因为他们沉迷各种网络游戏、短视频。二是部分大学生健康的饮食习惯养成度不高。表现为：大学生不能保证一日三餐，抑或不能保证按时就餐，或者不懂得在运动前后进行科学的营养补充。三是部分大学生缺乏科学运动知识而造成运动损伤。有的大学生在体育训练中由于科学锻炼知识浅薄，没有形成很强的自我保护意识，所以很容易在运动中受伤。四是缺乏自我健康检测的意识。部分大学生没有养成自我健康检测的习惯，只有当身体感到极度不适时，才会选择就医。通过查阅 XY 高校 3100 名毕业年级学生健康状况调查结果，对照专家给出的体重指数标准，对所抽查 3100 名学生进行体重计算，发现有 1654 名学生存在体重肥胖问题，有 478 名学生体形偏消瘦，同时有 55.87%的学生存在近视。陕西省 XY 高校毕业年级学生健康状况调查表如表 3-7 所示。

表 3-7 陕西省 XY 高校毕业年级学生健康状况调查表（总人数 N=3100）

健康状况	肥胖人数（BMI＞28）	消瘦人数（BMK18.5）	近视人数
频数（次）	1654	478	1732
占比	53.35%	15.42%	55.87%

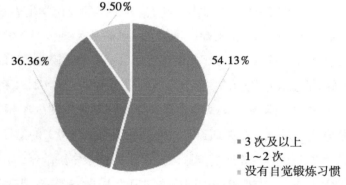

图 3-4 陕西省普通高校大学生每周参加课外体育锻炼次数情况（总人数 N=484）

与此同时，在"除了体育课以外，平时你参加体育活动锻炼的频率"中，有 54.13%的受访学生表示自己每周锻炼的频率在"3 次及以上"，每周锻炼仅为"1~2 次"的受访学生占 36.36%，值得我们注意的是，表示"没有自觉锻炼习惯"的学生不在少数，占 9.5%，如图 3-4 所示。在"除了体育课以外，你平时每次参加体育锻炼的时间"中，选择每次锻炼的时间在"30 分钟及以下"的学生占 38.22%，选择每次锻炼的时间为"30~60 分钟（不含 60 分钟）"的学生占 48.14%，选择每次锻炼的时间为"60~120 分钟（不含 120 分钟）"的学生占 9.09%，另有 4.55%的学生表示自己每次锻炼的时间在"120 分钟及以上"，如图 3-5 所示。以上数据说明，45.86%的学生每周参与课外体育锻炼频率不足3次,每次体育活动时间少于1小时的学生占比高达86.36%,这与《"健康中国2030"规划纲要》中提出的"到2030年,学生每周参与体育活动达到中等强度3次以上","确保学生校内每天体育活动时间不少于1小时"的目标仍有很大差距,学生每周参与课外锻炼次数仍需进一步提高,而学生每次课外活动锻炼时间距离健康中国战略目标的要求严重不足。

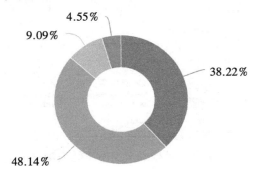

■ 30分钟及以下　■ 30~60分钟(含60分钟)　■ 60~120分钟(不含120分钟)　■ 120分钟及以上

图3-5　陕西省普通高校大学生每次参加体育锻炼的时间情况(总人数N=484)

(3)学生体育健康知识与技能掌握情况不够理想。

健康知识与技能的习得是促进健康的重要前提。体育运动具有愉悦身心和增强体质的功能,高校公共体育教学的价值定位旨在帮助学生掌握一定的科学运动原理和运动技能,进而在个体的日常生活中能够科学地运用体育健康知识,提升对身体健康促进技能的掌握,实现促进健康的目的。从调研的结果看,高校公共体育教学中学生的健康知识与技能的掌握情况不够理想。

如图3-6所示,部分学生对体育健康知识的掌握程度依旧薄弱,如在科学运动常识的了解与掌握中,对"最佳心率计算方法"概念掌握的学生比例最低,仅占11.36%,而掌握"最大心率计算方法""运动的'极点'""运动的'第二次呼吸'"这三个知识点的学生比例次低,分别仅占16.94%、19.83%和21.9%,另外,有38.02%的学生表示掌握"最佳体脂率"的知识,36.36%的学生表示掌握"有氧运动最佳持续时长"的概念,而掌握"BMI值"概念的学生比例最高,占73.97%,值得注意的是,在选择"其他"选项的学生中,有94.59%的学生表示"啥也不知道",对科学体育锻炼知识一无所知。而在"你通过学校体

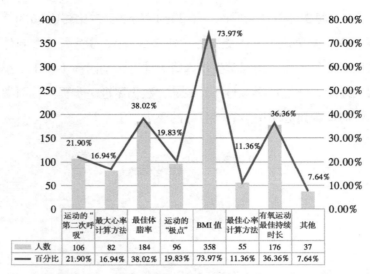

图 3-6　陕西省普通高校学生对运动健康知识掌握情况（总人数 N=484）

育课熟练掌握了几项运动项目中，42.83%的学生表示熟练掌握了 1 项，22.60% 的学生表示熟练掌握了 2 项，6.26% 的学生表示熟练掌握了 3 项及以上，28.31% 的学生表示没有熟练掌握（图 3-7 所示）。这与《"健康中国 2030"规划纲要》所要求的"基本实现青少年熟练掌握 1 项以上体育运动技能"的目标仍存在一定的差距。

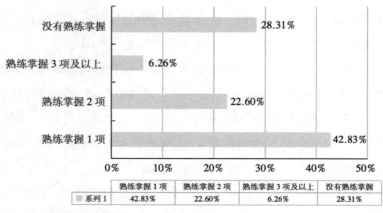

图 3-7　陕西省普通高校学生通过学校体育课熟练掌握运动项目个数的情况（总人数 N=484）

3. 健康中国战略下高校公共体育教师状况

高校公共体育教师为培养和造就身体强健、人格健全、德智体美劳全面发展的人才作出了积极贡献。建设健康中国战略更是为新时代的普通高校公共体育教师提出了更高的要求，具体来说：第一，体育教师应具有深厚的体育健康理论知识储备，熟练掌握并能教授体育健康专业知识与技能。第二，能够经常参加健康教育培训，落实《"健康中国2030"规划纲要》所提出的要"将健康教育纳入体育教师职前教育和职后培训内容"的要求。第三，具有充沛的精力，不断提升自身业务水平与科研水平。体育教师自身健康也是健康中国战略所要求"全民健康"中"全民"的一部分，同时，健康问题不仅涉及体育健康、运动健康，同时还应与医疗、卫生相结合，这就需要体育教师不断提升自身认知水平与技能水平。

（1）高校公共体育教师对健康中国战略了解不足。

教师是高校公共体育教学的重要主体，其对健康中国战略知识的了解程度能间接反映出健康中国战略所蕴含的理念在高校公共体育教学中落实的程度。从某种角度看，教师对健康中国战略理念、目标、内容了解得越详细，越有助于缩小高校公共体育教学与健康中国战略建设目标间的差距，越能更好地拓展健康教育、传播"健康第一"理念，开展体育教学。但在对207名教师开展"您对'健康中国'战略熟悉程度"调研中，16.67%的受访教师表示非常熟悉，21.26%的教师表示"比较熟悉"，49.28%的教师表示"一般熟悉"，13.04%的教师选择了"不太熟悉"，没有教师表示"完全不熟悉"，如图3-8所示。

需要特别指出的是，70.54%表示"一般熟悉"和"比较熟悉"的体育教师中，又有62.79%的教师表示仅知晓健康中国战略从医疗、卫生等与健康相关领域系统促进全民健康的国家方略，重在呼吁、引导国民关于自身健康，提升个人健康素养，不了解其对高校体育和体育教学提出了哪些要求，仅有6.98%的教师表示对健康中国战略的内涵、目标等内容比较熟悉，30.23%的教师表示在日常工作中将主要精力集中在自己的专项教学与实践当中，对于国家层面的新战略、新知识不敏感，没有过多关注健康中国战略，自己主动去搜集相关解读健康中国战略的文献资料与宣传资料的积极性不高。

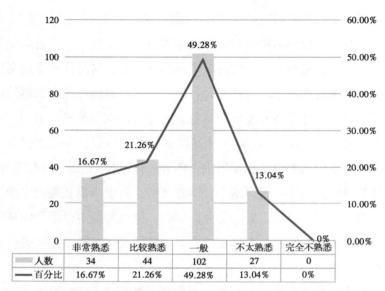

图3-8 陕西省普通高校公共体育教师对健康中国战略的熟悉程度(总人数N=207)

(2)体育教职工队伍数量和质量均有待提升。

健康中国战略的实施,需要大量能够胜任健康教育工作的高水平师资队伍,对于高校公共体育教师来讲,在体育教师职前教育和职后培训中增加健康教育的内容是应有之举,也就意味着体育师资是建设"健康中国"的重要力量,体育师资的数量与质量关乎建设"健康中国"的进度与成效,但从调查访谈的结果看,体育教师群体的数量和质量均有待提升。

从数量上看,陕西省普通高校公共体育教师中,兼职教师占9.66%。进一步分析兼职教师的其他工作发现,他们多为退休返聘的原高校公共体育教师、中小学体育教师,也有专业的体育教练员、社会体育指导员等。从所授班级数看,陕西省普通高校公共体育教师教学班级数量两极化趋势明显,2021年上学期,有26.09%的体育教师教学班级在3个及以下,教学班在4~6个的体育教师占37.68%,教学班在7~9个的体育教师占21.26%,值得注意的是,另有部分体育教师教学班数在9个以上,占14.98%,如图3-9所示。从陕西省普通高校公共体育教师每周授课学时时数看,每周授课时数为10课时及以下的教师占24.59%;每周课时数为10~15课时的教师占44.26%;每周课时数为16~20

课时的教师占 19.67%,值得注意的是,甚至还有每周课时数在 20 课时及以上的教师,占受访总数的 11.48%,如图 3-10 所示。从管理效能看,体育教师承担过少的课时,不利于教师在教学经验上的积累与经验总结,难以在长期的教学工作中有所创新与突破;体育教师承担过多的课时,也必然会影响教师备课、上课的教学效能,进而导致教学活动难以取得理想效果。

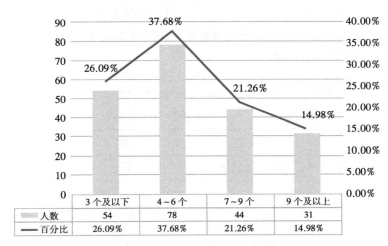

图 3-9 陕西省普通高校公共体育教师教授班级数量情况(2021 年上学期)(总人数 N=207)

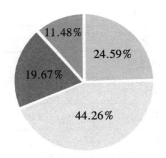

图 3-10 陕西省普通高校公共体育教师每周课时数量情况(总人数 N=207)

从结构上看,陕西省普通高校公共体育教师的年龄结构分布不均衡,有 4.83% 的教师年龄在 25 岁及以下,有 29.47% 的教师年龄在 26~35 岁,有 39.13% 的教师年龄在 36~45 岁,还有 26.57% 的教师年龄在 45 岁以上。从教龄上看,1~5 年教龄的教师仅有 23.19%,6~10 年教龄的教师占 13.04%,11~15 年教龄的教师比例为 16.43%，15 年教龄以上的体育教师有 47.34%。由此数据可以看出，陕西省普通高校公共体育教学中老年教师的人数居多，且中老年教师授课量同年龄成正比。而中老年体育教师教学激情下降，对先进教学理念、教学方法和技术的学习积极性降低，一方面，这会影响体育教学的实际效果，不利于前沿体育健康知识与技能的传授；另一方面，对于长期从事体育教学工作的教师来说，随着年龄的增长，体能随之下降，不适宜加大工作量。因此，为保护体育教师职业健康的发展，理应根据年龄在教学实践工作量上进行合理安排，体现"以人为本"的原则。

表 3-8 陕西省普通高校公共体育教师年龄、教龄、学历和职称情况一览表（总人数 N=207）

项目	维度	人数	所占百分比
年龄	25 岁及以下	10	4.83%
	26~35 岁	61	29.47%
	36~45 岁	81	39.13%
	45 岁以上	55	26.57%
教龄	1~5 年	48	23.19%
	6~10 年	27	13.04%
	11~15 年	34	16.43%
	15 年以上	98	47.34%
学历	博士	17	8.21%
	硕士	149	71.98%
	本科	41	19.80%
	专科及以下	0	0%
职称	教授	27	13.04%
	副教授	64	30.92%
	讲师	82	39.61%
	助教及以下	34	16.43%

从受访对象学历结构分布看出,具有硕士学位的高校公共体育教师占有绝对高的比例,达到 71.98%,而获得博士学位的体育教师仅有 8.21%,另有 19.80%是本科学历,没有人是专科及以下学历,由此我们认为,陕西省普通高校公共体育教师学历结构分布不均,具有高学历的教师比例偏少。从职称结构看,陕西省普通高校公共体育教师中,教授职称占比 13.04%,副教授职称占比有 30.92%,讲师职称占比为 39.61%,助教及以下职称占比 16.43%。

(3)教师职后培训工作欠缺。

教师职后培训是保持教师专业知识与技能不断提高的重要方式,也为教师不断地钻研体育教学实践和理论研究工作、熟悉最前沿的体育教学技术与方法、扩充教师所能掌握的体育教学资源提供了渠道。根据调研可以发现,每年外出培训仅有 1 次的体育教师占 32.85%,每年外出培训 2~3 次的教师占 14.49%,值得我们注意的是,有相当比例的教师从来没有外出培训过,占受访教师总数的 52.66%,如图 3-11 所示。

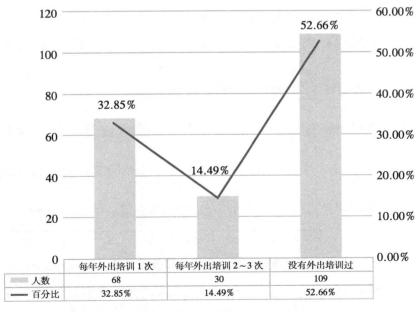

图 3-11　陕西省普通高校公共体育教师每年培训情况(总人数 N=207)

3.3.2 陕西省普通高校公共体育教学目标的现状

教学目标是指在教与学的互动中所期望学生达到的某种学习的结果或者说学生将会发生某种变化的明确表述，在教学活动中处于核心地位。根据泰勒的课程与教学理论，教学目标是统领教学活动实施的总纲领，教学目标决定着教学内容设计，进而影响教学方法的选择与使用，同时还是教学评价的依据。在健康中国战略目标下，全民健康素养的提升要求公民在身体健康、心理健康、社会适应能力三个领域全面发展，并重点关注体育教学对弘扬社会主义核心价值观，落实"立德树人"教育宗旨方面的成效。具体来说：

1. 体育知识与技能目标

高校公共体育课作为一门必修课，相比其他学科，具有显著的特点，即公共体育课是一门通过知识传授，强调身体训练与实践，从而使学生掌握一定知识与技能的课程，且身体实践在公共体育课中占有相当大的比重。从对陕西省普通高校调研的实际情况来看，部分体育教师对于理论知识的认知存在偏差，认为体育课是实践课，不太需要理论知识作为铺垫。体育教学目标中没有基础理论知识作为支撑，导致学生在实际运动中经常出现很多不必要的伤害。

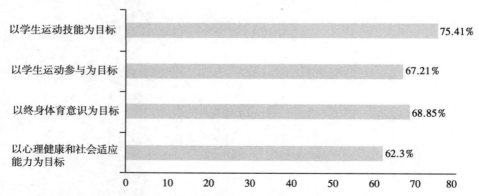

图3-12 陕西省普通高校公共体育教学目标设计情况（总人数 N=207）

由上图3-12可见，在陕西省普通高校公共体育教学目标设计中，以学生运动技能为目标的所占比例排名第一，占75.41%；占据第二位的是以终身体育意识为目标，比例为68.85%；以学生运动参与为目标的占第三位，达到67.21%；

第3章 陕西省普通高校公共体育教学实证分析

以心理健康和社会适应能力为目标的位居第四位,但其所占比例也达到了62.3%。无论是学生对教学活动运动技能的习得,还是对学生终身体育意识的培养,首要任务是把学生的运动兴趣调动起来,提升终身体育锻炼的意识,这样才能使学生掌握一定的运动技能,学生的体质健康自然随之提高。但不能因为过分关注学生对体育技能的掌握和终身体育锻炼意识的培养,而淡化学生体育运动参与度的提升,以及体育教学过程中对学生心理健康与社会适应能力方面目标的关注。

2. 体育情感与价值观目标

培养学生良好的体育品格、体育精神和体育道德是高校公共体育教学核心素养塑造的内在需求。从教学目标看,体育教学应培养学生"敢于挑战自我与对手"的勇敢精神、"坚持不懈、坚忍不拔"的意志品质、"积极进取、超越自我"的人生态度、遵守"体育规则与道德"的基本素质、"乐于助人、善于合作"的互助精神和"正确对待自我与他人"的宽容态度等体育品德精神。[①]但从高校公共体育教学的实际教学目标看,这一体育情感和价值观目标并未在高校公共体育教学中得以充分体现。在"您觉得为什么要持续开展体育教学"(多选)这一问题中,有54.10%的教师表示旨在提高学生体育基本理论知识,有49.18%是根据学校教育教学安排,有80.33%的教师表示重点要帮助学生掌握运动技能,有83.61%的教师选择要提高学生的体育品德精神,如图3-13所示。

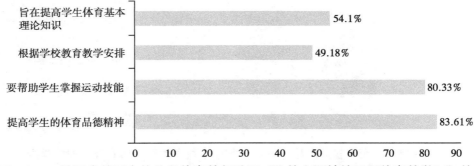

图3-13 陕西省普通高校公共体育教师关于"为什么要持续开展体育教学?"的回答情况(总人数N=207)

---

① 李启迪,齐静,王章明.体育教学"体育品德"目标的评价内容体系构建[J].北京体育大学学报,2019(8):131-137.

"体育品德"目标是高校公共体育教学中"情感"目标和"心理健康和社会适应"目标的具体体现,是党的十八大"立德树人"与十九大"修身立德"的基本精神在体育教学中的具体体现。高校公共体育教师在教学中如不能把"体育品德"的重点内容(积极进取、遵守规则、社会责任感)融入到体育教学中,必然会影响到健康中国战略目标的有效实现。

3.3.3 陕西省普通高校公共体育教学内容的现状

教学内容是在教学目标的指引下去实现的。在倡导"大健康"的理念背景下,各普通高校理应广泛开展健康教育,并将健康教育融入学校教育的方方面面。循此,在选择教学内容时,不仅要考虑与教学目标的一致性与适切性的问题,还应考虑教学内容是否符合健康教育对知识传授与行为养成要求的实现,是否与地方实际相结合,是否都兼顾个体健康维护与社会责任感提升相统一。

1. 高校体育课程开设课时情况

高校体育课程开设情况直观体现在高校公共体育教学课时的安排上。通过调研发现,在陕西省普通高校中,为一、二年级本科学生开设不少于 144 学时体育必修课的学校占陕西省调研高校总数的 26.64%;少于 144 学时的学校占陕西省调研高校总数的 63.58%。如图 3-14 所示。

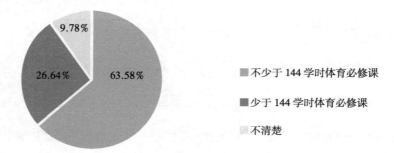

图 3-14 陕西省普通高校为一、二年级本科学生开设体育课课时的情况
(总人数 N=96)

2. 高校公共体育教学内容选择情况

在具体教学课程内容的选择上,有部分高校教师是根据自己专长项目随意选择教学内容,也有部分体育教师在设置体育教学项目内容上盲目迎合学生追

时髦、避重就轻等心理开设了许多新兴时尚体育项目，摒弃了一些传统的、颇具锻炼价值的项目，如器械体操、投掷、体育游戏、跑跳等运动项目。还有部分教师完全根据体质测试导向，严格按照体质测试项目内容开展体育课程的教学。

如表3-9所示，69.08%的受访教师表示自己是依据个人专长选择教学内容；75.36%的教师根据学生兴趣和需要选择教学内容；也有教师表示是依据学校体质测试项目来进行教学，占比为41.06%；29.47%的教师表示自身是根据项目难易程度安排，16.43%的教师选择了其他（如场地限制等）。

表3-9　陕西省普通高校公共体育教师对教学内容选择依据的情况（总人数N=207）

内容选择	依据个人专长	学生兴趣和需要	体质测试项目	项目难易程度	其他
频数（次）	143	156	85	61	34
百分比	69.08%	75.36%	41.06%	29.47%	16.43%

高校教师在选择课程教学内容时，首先能做到迎合学生的兴趣与需要，其占教学内容选择的第一位，这对激发学生学习兴趣、促进学生学习积极性的提高具有重要意义。但居于第二位的是教师根据自己的专长安排教学内容，从好的方面来讲，这有利于充分发挥教师的专长优势，促进学生在某一专长方面的提高；从不好的方面来讲，难免有结合自身的教学专长因陋就简的心理，对于学生体育教学内容的安排存在不全面的缺陷。还有的仅仅以体质测试项目和项目难易程度为课程教学内容选择的指南，阻碍了学生在体育项目上实现全面发展、照顾不同身体能力水平学生发展身体健康的要求，与健康中国战略所提倡的促进人的全面发展、实现"全民健康"的目标不符。

3. 高校教学体育内容实施情况

学生掌握一定的运动技能，既是养成终生锻炼习惯的基础，也是健康中国战略目标要求之一。因此，教师在进行项目选择时，既要考虑到学生的喜好、偏好，尽量选择学生喜闻乐见的运动项目，又要注重所教授的内容能够长期伴随学生，使他们受益终生。例如，初步掌握篮球运动基本运球、传球、投篮等技术；能够掌握一到两套基本的体操套路动作、武术套路动作或舞蹈韵律操等；掌握两到三项田径的跑、跳、投等基本运动技术动作等。然而在陕西省普通高校公共体育教学具体实践调研过程中发现：侧重体操教学的教师占16.39%，偏好球类（包括大球和小球）教学的教师占36.07%，只有19.68%的教师侧重武术和田径教学，仅有8.2%的教师偏好游泳项目教学，如图3-15所示。

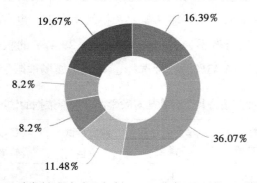

图3-15 陕西省普通高校公共体育课程教学内容选择情况（总人数N=207）

3.3.4 陕西省普通高校公共体育教学方法的现状

教学方法是指教师为实现教学目标，通过一种特殊的教与学的"手段"将教学内容教授给学生的一种策略。广义的教学方法，包括教师具体的教学方法、教学手段等。健康中国战略对高校公共体育教学提出了更多的要求，因此教学方法要适应教学目标的转变以及教学内容的变化，能够做到丰富与创新，同时与信息技术相结合提升教学效率与效果。一方面，可以帮助学生提高运动技能水平和身体素质；另一方面，更是为落实"全民健康"而服务，全方位、全过程地促进全体学生的身心健康以及社会适应能力的提升，做到因材施教。这是因为，学生在体育活动中通过身体训练获得的直接经验和感知是其他学科教学无法替代的，并且这种体验通过不断地强化，会影响学生人格的塑造，这一过程必须身心体悟才能获得，不能由他人替代完成。

1. 高校公共体育教学方法的使用情况

调查结果显示，陕西省普通高校公共体育教学活动中，以教师为主导的教学方法使用占较多比例，说明教师在教学方法的使用中，以学生为中心的教学方法使用频率不高，处于弱势地位。在"您在体育教学时所采用的教学方法（可多选）"调查中，采用讲解与示范教学方法的教师占91.30%，采用完整法与分解法占比85.51%，82.61%的教师选择预防与纠正错误法。以上三种教学方法均是以教师的讲授为主，并以教师为中心的教学方法。另外，8.21%的教师选择发现式教学法、57.45%的教师选择探究式教学法、12.56%的教师选择领会式教学法、20.77%的教师选择合作式教学法，如表3-10所示。

表3-10　陕西省普通高校公共体育教师教学方法选用情况（总人数N=207）

分类	教学方法	频数	比例
以教师为主导的教学方法	讲解与示范法	189	91.30%
	完整法与分解法	177	85.51%
	预防与纠正错误法	171	82.61%
以学生为中心的教学方法	发现式教学法	17	8.21%
	探究式教学法	121	57.45%
	领会式教学法	26	12.56%
	合作式教学法	43	20.77%

通过对比可以发现，前三种以教师中心的教学方法运用的比例明显高于后几种以学生为中心的教学方法，说明在体育教学中学生主体地位薄弱，学生主动学的潜力有待进一步发掘。如图3-16所示。

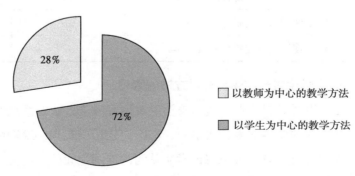

图3-16　陕西省普通高校公共体育教师教学方法选用情况（总人数N=207）

2. 高校公共体育教学手段运用情况

《国家中长期教育改革和发展规划纲要（2010—2020年）》提出："信息化技术发展迅速，并对教育有着革命性的影响，必须引起我们的高度重视。"新一轮科技和产业革命正在兴起，多媒体、信息技术的问世及使用，冲击了传统的教学手段，已成为变革教学方法的有力武器，更成为提高教学效率和教学质量的支撑点。教育的形态在信息技术、人工智能等新技术的发展下得到重塑，知识获取和传授的方式、教和学的关系也正在发生深刻变革。然而，从高校公共体育教学手段运用情况看，信息化水平在体育学科领域运用还处于低水平阶段。在"陕西省普通高校公共体育教师使用信息化媒体进行教学的情况"（表3-11）调查中，表示从来不会使用信息化媒体进行教学的教师占10.63%；表示很少使用信息化媒体进行教学的教师占22.22%；表示偶尔使用信息化媒体进行教学的教师占49.28%；仅有17.87%的教师表示会经常使用信息化媒体进行教学，但通过后续访谈得知，这一部分经常使用信息化手段的教师也多是使用手机或电脑，通过课程管理系统或微信、QQ等社交软件联系学生，实施课堂点名、推送课程通知等内容，并未对教学效果与效率有实质上的提升。

表3-11 陕西省普通高校公共体育教师使用信息化媒体进行教学的情况
（总人数 N=207）

教师使用信息化媒体进行教学的情况	频次	比例
从来不会使用信息化媒体进行教学	22	10.63%
很少使用信息化媒体进行教学	46	22.22%
偶尔使用信息化媒体进行教学	102	49.28%
经常使用信息化媒体进行教学	37	17.87%

3. 大学生对当前体育教学方法的意见

在学生对"陕西省普通高校学生对体育教学方法的意见调查"（表3-12）中，13.43%的学生认为教法单一、老套、变化不够；46.69%的学生认为不能顾及体验成功的乐趣；14.46%的学生认为缺乏师生间的互动交流；7.85%的学生认为不能做到循序渐进；25.21%的学生认为不能做到因材施教。

表 3-12　陕西省普通高校学生对体育教学方法的意见调查（总人数 N=484）

满意度	频次	比例
教法单一、老套、变化不够	65	13.43%
不能顾及体验成功的乐趣	226	46.69%
缺乏师生间的互动交流	70	14.46%
不能做到循序渐进	38	7.85%
不能做到因材施教	122	25.21%
其他	2	0.41%

3.3.5 陕西省普通高校公共体育教学评价的现状

教学评价作为检验教学是否符合教学目标、验证教学成效的重要环节，是推动教学发展的重要动力。健康中国战略对高校公共体育教学提出了新的要求，因而高校体育教学需要有新的教学评价来推动体育教学朝着"健康中国"的方向发展，具体来说：一方面，教学评价是确保高校公共体育教学适应宏观社会环境变化的重要方式；另一方面，优化教学评价体系能够促进体育教学质量的提升。在健康中国战略背景下，高校公共体育教学理应优化评价体系，重视当代学生体育学习需求，促进教师专业教学能力的提升，推动体育教学全方位改革和创新发展。从要素构成看，高校公共体育教学评价应包括价值取向、内容指标、责任主体和方式等内容。

1. 高校公共体育教学评价价值取向情况

教学评价不仅具备反馈课堂教学信息、促进体育教学发展的功能，也具备对体育课堂教学过程及质量的分析与评价功能。体育教学评价应紧紧围绕育人价值，重视育人质量的提升。然而，现阶段高校公共体育教学评价中存在功利色彩较重、价值取向出现偏移的情况。部分教师对体育教学评价功能认识肤浅，侧重其分析评价和管理功能，过分重视结果性评价，功利取向偏重。在"您觉得开展体育教学最主要的目的是什么"的问题调查中，83.61%的受访教师表示帮助学生养成好的体育习惯，但仍有 9.84% 的受访教师表示在于完成课标教学目标内容，6.56%的受访教师表示在于帮助学生达到体育项目考核评价要求。在"您对体育教师教育教学内容取决于课堂教学最终考核评价指标所持的态度"中，17.39%的教师表示完全同意，48.31%的教师表示基本同意，13.04%的受访教师表示同意，27.27%的受访教师表示不同意，如图3-17所示。

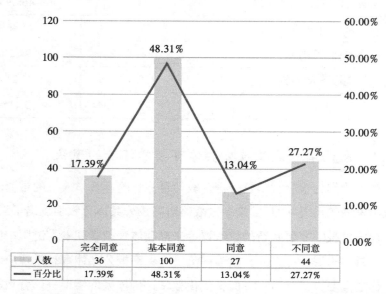

图3-17 陕西省普通高校公共体育教师关于教学内容取决于课堂教学最终考核评价指标所持的态度（总人数N=207）

2. 高校公共体育教学评价内容指标情况

从高校公共体育教学评价内容的指标看，当前高校公共体育教学评价侧重对学生体质健康水平、运动参与程度、运动专项技能水平三个方面的考核，对意志能力提升、运动兴趣增强、体育健康知识与技能的习得等方面的评价薄弱。结果表明，高校公共体育教育对让学生在身体锻炼中能够"享受乐趣、增强体质、健全人格、锤炼意志"的体育教学要求，特别是对运动兴趣培养的忽视，将直接影响学生参与体育课程的积极性，不符合健康中国战略对大学生健康行为与习惯养成的要求，制约体育育人价值的实现。在"您对学生课堂评价主要考察哪些维度？"（多选题）这一问题的回答时，64.25%的受访教师选择了体质健康水平，47.83%的受访教师选择运动参与程度，39.13%的受访教师选择运动专项技能，仅有27.05%的受访教师选择了体育健康知识与技能的习得，21.74%的受访教师选择了意志能力的提升，20.29%的受访教师表示运动兴趣的增强（表3-13）。

表3-13 陕西省普通高校公共体育教师对学生评价考察维度的频次与占比
（总人数N=207）

对学生评价考察的维度	频次	比例
体育健康知识与技能的习得	56	27.05%
体质健康水平	133	64.25%
意志能力提升	45	21.74%
运动专项技能水平	81	39.13%
运动参与程度	99	47.83%
运动兴趣增强	42	20.29%
其他	9	4.35%

3. 高校公共体育教学评价责任主体情况

从调查中可知，当前陕西省普通高校公共体育教学责任主体单一且固定，主要以教师为主，造成的结果是体育教学评价结果的主观性与片面性较强，影响评价结果的客观公正。在"您在对学生进行教学考核时的主体？（多选）"这一问题的回答中，93.44%的受访教师选择了教师本人，36.07%的受访教师选择了同行互评，16.39%的受访教师表示专家考核，36.07%的受访教师选择学生互评，4.92%的受访教师选择了其他，如图3-18所示。

学生是教育教学活动的主体，"以生为本"强化学生在体育课堂教学评价中的参与，是体育教学回归育人本质的根本要求。当前，陕西省普通高校公共体育教学评价主要以师生间单向评价为主，教师在教学评价中占有绝对的主导作用，而学生的评价权利长期处于缺失状态，从而导致体育教学师生交流沟通受阻，既不利于健康师生关系的建立，也不利于体育教学的深入改革。学生互评及师生互评实践虽有所开展，但通过对教师的深入访谈得知，学生本着"你好、我好、大家好"的原则，使学生互评形同虚设。部分教师出于对校内人际关系的建立与维护，不愿意对其他教师的教学方式提出疑问和建议，导致教师互评流于形式，没有发挥实质性作用。而以专家考核为主体，实施评教分离的评价方式正处于发展的阵痛期，该方式有效提升了教学评价的公平性与客观性，同时也打破了长久以来，教师在教学中"既是教练员，又是裁判员"的绝对话语权地位。因此，以专家考核为责任主体的教学评价方式推广阻力很大，在四种评价主体排序中占比最低。

4. 大学生对当前体育课学生评价方式认同度

在"陕西省普通高校大学生对体育教学评价的满意度调查"（表3-14）中，有25%的学生对高校公共体育教学是较满意的，31.82%的学生和39.26%的学生对高校公共体育教学非常满意和满意，但是，还有3.51%的学生和0.41%的学生对高校公共体育教学都持不满意和很不满意的态度。

表3-14 陕西省普通高校大学生对体育教学评价的满意度调查（总人数 N=484）

满意度	频次	比例
非常满意	154	31.82%
满意	190	39.26%
较满意	121	25.00%
不满意	17	3.51%
很不满意	2	0.41%

在访谈的过程中发现，学生对于高校体育课不满意是因为体育器材的短缺、教师评价方法使用不合理以及教学内容安排的不全面等因素。

3.3.6 陕西省普通高校公共体育教学现状案例分析

本研究以 XY 大学体育教学现状作为案例进行调查，通过深入分析，旨在为健康中国战略下普通高校公共体育的教学改革提供一些实践参考依据。

1. XY 大学总体概况

XY 大学是陕西省普通高校中建制规格最高的一所大学，在体育教学改革方面具有优良的传统与优势。XY 大学体育教学工作有着优良传统，在陕西省乃至全国高校中始终享有较高声誉。通过几十年的积淀与改进，确立了"强身

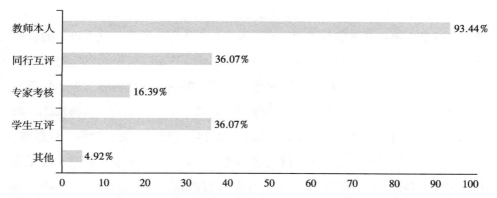

图 3-18 陕西省普通高校公共体育教师对学生进行教学考核的主体分布情况（总人数 N=207）

健心、以体育人"的体育工作理念，围绕"身体素质提升、运动技能掌握、锻炼习惯养成、健全人格塑造"为核心原则开展体育教学，拥有一支 90 人的体育教职工队伍，其中教授、副教授共计 54 人，占体育中心教职工总数的 60%，同时，教师中包括国务院政府特殊津贴专家 1 人，全国高校公共体育教学指导委员会委员 1 人，陕西省教学名师 1 人，教育部新世纪优秀人才计划 2 人。体育中心下设 1 个综合办公室、3 个教研室、3 个业务办公室及文体中心综合馆、国民体质监测室等机构（图 3-19）。全校共有全日制本科在校生 22717 人，拥有总面积 20.3 万平方米的体育场馆。

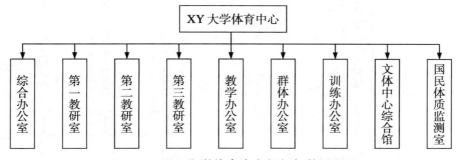

图 3-19 XY 大学体育中心组织机构设置图

2. XY 大学体育教学体系与改革状况

XY 大学秉承"强身健心，以体育人"的教学理念，以体育课程教学与课外锻炼为抓手,结合各专项自身特点,充分挖掘课程中的德育元素,旨在实现学生身体素质增强和健康意识的提升,养成终身体育的习惯,具有良好的思想品德,实现身心健康、社会适应能力增强的目标。为此,XY 大学实行"课堂教学+体质健康测试+目标教学"的教学模式。第一,学生依照《全国普通高等学校体育课程教学指导纲要》中的规定,要修满 4 个学期的体育必修课。第二,学生要达到《国家学生体质健康标准(2014 年修订)》对大学生身体形态、机能等方面,以及体育课、课外体育锻炼等方面的要求和标准。第三,除完成上述两项内容外,学生在校期间,还要掌握体育的基本理论知识和 1~2 项专项运动技术,通过游泳、长跑、24 式简化太极拳(三选一)目标教学要求。同时,将学生修满体育规定学分、达到上述要求与学生毕业、获得学位挂钩。XY 大学向本科一年级、二年级学生开设体育必修和选修课共计 38 门,其中必修课有 23 门,包括 18 门一般选修课、2 门体育保健课和 3 门目标教学课。选修课共有 15 门,设有中华武术文化传承与实践、民族传统体育传承与实践、户外运动技能拓展、健康管理与健身方法等教学内容,另外,面向研究生开设 21 门体育选修课,对有意愿提升运动竞技水平的学生以及高水平运动队队员开设运动训练课(图 3-20)。

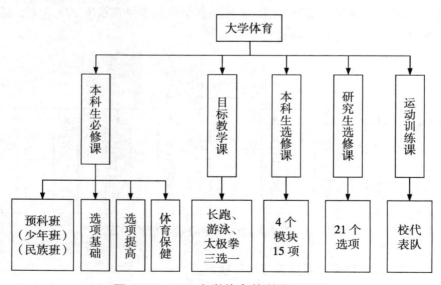

图 3-20 XY 大学体育教学课程设置

XY 大学开设体育课程数量和种类繁多，在课程设置上注意"分层次"安排，具体来说：

第一，兼顾不同学生对运动项目偏好的选择。XY 大学体育设有足球、篮球、排球等传统竞技体育项目，也有极限飞盘、花样跳绳、体育舞蹈、体适能等健身娱乐项目，还有本校特色的毽球、龙舟、舞龙舞狮等项目，有助于满足学生的不同需要（表 3-15）。

表 3-15　XY 大学本科体育教学课程设置

课程性质	课程类别	项　目
必修课	选项基础课与选项提高课	足球、五人制足球、篮球、三人制篮球、气排球、乒乓球、羽毛球、网球、健美、现代搏击、武术、体育舞蹈、体适能、极限飞盘、舞龙舞狮、龙舟、毽球、花样跳绳等
	体育保健课	武术、瑜伽
	目标教学课	24 式简化太极拳、200 米游泳、长跑
选修课	中华武术文化传承与实践	软式擒拿、健身气功
	民族传统体育传承与实践	舞龙舞狮、民族健身操、龙舟、射艺、花样跳绳
	户外运动技能拓展	公开水域游泳、自行车骑行、山地运动、极限飞盘、轮滑
		健康管理与健身方法

第二，在因材施教方面，注重分层次教学。①设置体育保健课：为身体异常和伤、病、弱的学生有针对性地进行康复与保健体育教学。在教学大纲中，特别指出要根据学生的差异情况区别对待、因材施教，重点是要始终把安全放在第一位，关心"差"生的成长。②设置选项基础课和选项提高课，使学生在掌握该项目科学锻炼的基本知识、技术、技能，培养其锻炼的兴趣和习惯的同时，还有机会选择继续提高，满足学生不断超越自我的需要。第三，体育教学大学 4 年全覆盖，促进学生体育锻炼和文化学习的协调发展。通过课时设置我

们发现，XY大学通过"课堂教学＋体质健康测试＋目标教学"的教学模式实现了学生4年体育教学的全覆盖，在学生大一、大二期间，开设每学期128学时的选项必修课，在学生大三、大四期间，开设每学期16学时的目标教学必修课，既保证了144课时的基本教学数量，也使学生在大三、大四阶段能够兼顾体育锻炼和文化学习两不误。

在教材方面，XY大学以反映新时代中国特色社会主义的本质和理工科为主综合性大学的特点选用体育教材，从XY大学的实际情况出发，结合学生的专业特点、气候、地理环境、体育传统及场地器材情况，遵循大学生的身心特点，注意发展学生的个性与全面发展的基础上，着重提高心肺功能，发展肌肉力量和耐力素质。注重教材的深度、广度，以及实用性、科学性和趣味性，既注意对我国民族传统项目的选用与发扬，又选用学生喜闻乐见，对培养协调性以及塑造健美体型有效的健美操、健身健美、网球、羽毛球、乒乓球、太极拳、散打等项目。依据"少而精"的原则选用教材。虽然具体教材由各专项自己选择或编写，但XY大学体育制定教材选用标准与原则是清晰、合理与比较全面的。

在教学考核与评价方面，施行阶段性评价与终结性评价相结合的模式。第一，每学期期末课程考核采用"4＋3＋2＋1"的评价模式："4"是指体育运动技术水平占40分；"3"是指一般身体素质占30分；"2"是指平时锻炼出勤率占20分；"1"指体育理论或命题作业占10分，共计100分的评分方法。通过这种每学期阶段式的考核，把握学生在技能学习、身体素质、理论知识等方面的提高幅度，培养学生养成终身体育锻炼的习惯。第二，为实现本科毕业生熟练掌握1至2项体育运动技能的目标，设置目标教学终结性考核，即设定24式简化太极拳、200米游泳、长跑（男3000米／女1500米）为目标教学项目，学生可在大三、大四期间，在上述三个项目中任选一项，修够16学时且参加目标考核，达到学校制定的目标教学考核标准，方能毕业，且每位同学在目标教学考核中有2次机会。

3.4 整体分析与评价

对调查问卷中的量表部分深入进行分析，将熟悉度中的非常熟悉、比较熟悉、一般、不太熟悉、完全不熟悉五个选项按照 5 分、4 分、3 分、2 分、1 分进行赋分；将重视程度中的非常重视、重视、一般、不重视、非常不重视按照 5 分、4 分、3 分、2 分、1 分进行替代；同理将满意程度（认可度）中的非常满意、满意、较满意、不满意、很不满意按照 5 分、4 分、3 分、2 分、1 分进行替代；将公共体育教师的教龄、最高学历、职称、是否为高校全职公共体育教师、本学期公共体育教学班级数量、本学期每周学时数量由大到小依次按照 5 分至 1 分或 5 分、3 分、1 分依次替代。接下来选用 SWOT 分析法，将与研究对象密切相关的各种主要因素通过调查列举出来，并依照矩阵形式排列得出结论。其中 S（Strengths）是优势、W（Weaknesses）是劣势、O（Opportunities）是机会、T（Threats）是威胁。本研究中普通高校公共体育教学现状调查与健康中国战略目标达成因素的 SWOT 分析分布划分如下图 3-21 所示。

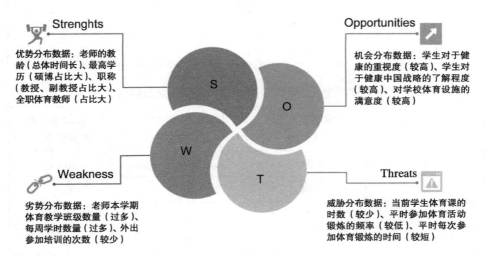

图 3-21　普通高校公共体育教学现状调查与健康中国战略目标达成因素的 SWOT 分析分布

由上图 3-21 可见，S（优势）分布数据主要包括教师的教龄（总体时间长）、最高学历（硕博占比大）、职称（教授、副教授占比大）、全职体育教师（占比大）；W（劣势）分布数据主要包括教师本学期体育教学班级数量（过多）、每周学时数量（过多）、外出参加培训的次数（较少）；O（机会）分布数据主要包括学生对于健康的重视度（较高）、学生对于健康中国战略的了解程度（较高）、对学校体育设施的满意度（较高）；T（威胁）分布数据主要包括当前学生体育课的时数（较少）、平时参加体育活动锻炼的频率（较低）、平时每次参加体育锻炼的时间（较短）。

普通高校公共体育教学优势因素数据统计见表 3-16 所示。普通高校公共体育教学劣势因素数据统计见表 3-17 所示。普通高校公共体育教学威胁因素数据统计见表 3-19 所示。

表 3-16 普通高校公共体育教学优势因素数据统计

分数/人数	老师的教龄	最高学历	职称	全职体育教师
5	98	17	27	187
4	34	0	64	0
3	27	149	82	0
2	48	0	34	0
1	0	41	0	20

表 3-17 普通高校公共体育教学劣势因素数据统计

分数/人数	本学期教学班级数量过多	本学期每周学时数量过多	外出参加培训的次数较少
5	31	24	109
4	44	41	0
3	78	92	68
2	54	50	0
1	0	0	30

表 3-18 普通高校公共体育教学机会因素数据统计

分数/人数	学生对于健康的重视度	学生对于健康中国战略的了解程度	对学校体育设施的满意度
5	200	65	143
4	227	117	190
3	55	160	133
2	1	120	14
1	1	22	4

表 3-19 普通高校公共体育教学威胁因素数据统计

分数/人数	学生体育课的时数较低	学生平时参加体育活动锻炼的频率较低	学生平时每次参加体育锻炼的时间较短
5	191	46	0
4	268	0	185
3	19	176	233
2	6	0	44
1	0	262	22

基于以上数据，根据变异系数描述离中趋势的特性，进行各因素权重的计算，最后根据加权平均数的大小比较可将问题按照轻重程度分类，从而厘清各因素对健康中国战略下普通高校体育公共教学影响的强弱。使用变异系数计算权重主要包括几步：第一步，计算各因素的平均分、计算各因素标准差、计算各因素变异系数和变异系数之和、计算各因素权重。首先，计算各因素的平均分。将不同分数对应不同人数进行对应相乘，再将其结果相加之和除以总人数，来计算得到平均值。第二步，计算各因素标准差。根据标准差（σ）公式：

$$\sigma = \sqrt{\sum (x_i - \bar{x})^2 ① \times p_i ②}$$

先计算①，命名为 a（i）；再计算②，命名为 p（i）；最后求标准差，命名为 s（i），①和②相乘相加再开根号，用到了 SUMPRODUCT 和 SQRT 函数。

第三步，计算各因素变异系数和变异系数之和。得到平均值和标准差后就可以根据公式：

$$V=\sigma/\bar{x}$$

计算变异系数 V_i 及 V_i 的和。第四步，计算各因素权重。权重计算公式：

$$各因素的权重 = V_i / \sum V_i$$

根据权重公式即可求得各因素权重。因此，本次分析的优势（S）、劣势（W）、机会（O）、威胁（T）评价矩阵见表 3-20 所示。

表 3-20　普通高校公共体育教学 SWOT 分析平均分、权重及加权平均分

一级指标	二级指标	平均分	权重	加权平均
优势因素（Strengths）	教龄	3.94	0.23	0.91
	最高学历	2.77	0.27	0.75
	职称	3.42	0.24	0.82
	全职体育教师	4.61	0.26	1.20
劣势因素（Weaknesses）	体育教学班级数量过多	3.23	0.33	1.07
	周学时数量过多	3.18	0.32	1.02
	外出参加培训的次数较少	3.74	0.35	1.31
机会因素（Opportunities）	学生对于健康的重视度	4.29	0.38	1.63
	学生对于健康中国战略的了解程度	3.17	0.32	0.96
	对学校体育设施的满意度	4.25	0.30	1.28
威胁因素（Threats）	学生体育课的时数较低	4.36	0.33	1.44
	学生平时参加体育活动锻炼的频率较低	2.91	0.41	1.19
	学生平时每次参加体育锻炼的时间较短	3.20	0.26	0.83

根据表 3-20 中加权平均数的大小比较可以将问题按轻重程度分类，由（S）、（W）中可知，全职体育教师与教师的教龄优势很明显，而教师最高学历和职称表现较弱，反映出了体育师资力量；外出参加培训的次数较少与教师课

量大的问题十分明显，暴露出体育经费投入不足的问题。由（Q）、（T）可知，学生对于健康的重视度和对学校体育设施的满意度很高，对于健康中国战略了解还有提升空间，但学生每次运动的强度和频率距离健康中国战略要求尚有差距，这反映出学生"空"有健康意识缺少体育行动的问题，表明体育教育并没有让学生养成爱运动的好习惯。

综合上述调查结果，陕西省普通高校公共体育教学现状总体良好。大部分普通高校公共体育教学在健康中国战略实施以来，能够将健康中国战略的目标要求有计划、分阶段地纳入学校体育规划中去，能够制定相应的学校体育中长期发展规划、学校体育年度规划、学校体育运动方案、学校体育教学计划等内容，为高校公共体育教学助力健康中国战略目标的实现奠定了基本的制度保障。但仍有部分高校落实不到位，没有形成适合本校实际与特点的、与健康中国战略目标相适应的发展规划，不能规范引导普通高校体育教学工作向健康中国战略目标的方向推进，从而使体育教学的发展与健康中国战略目标脱节。

我们对当前陕西省普通高校公共体育教学在传播健康中国战略理念方面的成绩是持积极肯定态度的，有高达91.32%的大学生表示其对健康中国战略的了解来自学校体育课，但仍有29.34%的大学生表示对健康中国战略不太熟悉或完全不熟悉，学校健康教育、校园广播与宣传力度不强，利用新媒体宣传健康教育方面薄弱，与健康中国战略要求不符。另外，陕西省普通高校学生健康生活方式与行为养成度偏低，部分学生没有养成规律饮食、规律作息的习惯，不具备自我健康管理的意识与知识，学生体型过度肥胖或消瘦的占比偏高，近视人数占比更是超过半数以上，学生在校期间能保证参加三次及以上体育锻炼的占54.13%，每次课外锻炼时间超过1小时的学生仅占13.64%，与健康中国战略所提出的确保青少年每周参与3次以上中强度体锻炼，确保学生每天体育活动时间不少于1小时的目标要求存在较大差距。据调查，陕西省普通高校学生通过体育课掌握1项及以上运动项目的占比为71.69%，基本实现了健康中国战略要学生熟练掌握1项以上体育运动技能的要求，但当前陕西省普通高校学生对于健康知识，特别是对体育健康知识的认知水平不高，与健康中国战略要求普及健康科学知识，并将健康教育融入国民素质教育体系存在一定差距。这是因为，教师对健康中国战略的认知也不够深入与全面，教师每学期教学课时数和学期授课班级数结构不合理，每周授课数量在 20 学时及以上和 10 学时以下的教师人数偏多，每学期授课班级在 3 个以下和 9 个以上的教师人数偏多。体育教师的职称和学历结构不合理，高职称与高学历占比较少，具有博士学位的仅有 8.21%，体育教师队伍年龄结构分布不理想，老龄化明显。陕西省普通高校公共体育教师每年外出培训机会较少，52.66% 的教师表示从没有外出培训过。

  陕西省普通高校公共体育教学在目标上，主要以学生运动技能、终身体育意识为目标，注重运动参与，注重对学生在培养体育品德精神、掌握运动技能等方面的发展。其基本实现对大一、大二学生开设不少于 144 学时的体育课，广泛开展多种体育运动项目，以及积极开展中华传统体育运动项目等。在教学方法的选择与运用方面，能够使用多种教学方法开展教学，但以教师为主导的教学方法，如讲解与示范法、完整法与分解法等占据首位，以学生为中心的教学方法薄弱，偏离健康中国战略"以人为本""以生为本"的理念要求。同时，在教育现代化发展背景下，体育教学中对信息化媒体技术利用率不高，仍处于较低水平。学生对陕西省普通高校公共体育教学方法使用最不满意之处在于"不能顾及全体"，由此得知，当前陕西省普通高校公共体育教学方法的最大问题在于不能因材施教，与健康中国战略"全民健康"的宗旨不符。从陕西省普通高校公共体育教学评价的主体、内容、价值取向等方面的调查发现，体育教师"既是教练员，又是裁判员"，成为体育教学评价的主体，这就难免对教学的评价有失公平与客观，专家评价，即"评教分离"模式正处于发展的阵痛期，虽效果好但推广颇具难度，学生对于陕西省普通高校公共体育教学评价的满意度有待提高，原因在于学生认为对体育教学评价方法不合理。

第4章 陕西省普通高校公共体育教学与健康中国战略目标存在的差距及原因分析

根据对陕西省健康中国战略下普通高校公共体育教学整体实施状况的调查，我们发现陕西省普通高校公共体育教学现状与健康中国战略目标要求之间存在一定差距，主要表现为教学的目标脱节、内容偏离、方法不够多样、评价机制不完善，这些是当前普通高校公共体育教学存在的主要问题。对陕西省21位普通高校体育管理者、教育部高等学校体育教学指导委员会资深专家、高校一线教师进行深度访谈后得出以下认识：制度在地方政府和高校落实不力、"升学教育"主导下学生体育意识不强、高校竞争下全社会健康意识淡漠、高水平体育师资薄弱和学校经费投入不足五个方面是造成当前普通高校公共体育教学现状与健康中国战略目标之间存在差距的主要因素。

4.1 存在的主要差距和问题

健康中国战略下陕西省普通高校公共体育教学整体的实施状况如下：教学目标不够全面，与健康中国战略目标要求匹配度不高；教学内容不够完善，与健康中国战略所要求的普及科学健身知识与技能方面还存在差距；教学方法不够多样，不能满足全民健康宗旨的需要；教学评价与健康中国战略常态化、智能化监测评价机制的要求不符。

4.1.1 教学目标与健康中国战略要求存在脱节现象

教学目标是教育的一部分，是其若干个子集中最重要的一个，体育教学的目标是人们为达到体育教学的某个目的在行动过程中设立的各个阶段预期成果以及最后的预期成果①。自2016年印发《"健康中国2030"规划纲要》起，健康中国战略开始成为新时代我国重要的战略任务之一，健康教育逐渐在国民教育体系中处于优先发展的地位。但反观当前各高校的体育教学目标，不仅与健康中国战略目标的匹配度不高，还存在模糊性与滞后性以及实施中"流于形式"等问题，与健康中国战略的理念和实践要求相脱节。

1. 教学目标与健康中国战略目标匹配度不高

健康中国战略要求推动全民健身和全民健康深度融合，将健康融入所有领域中，并在发展中置于优先位置，其所提倡的"健康第一""以生为本""终身体育"理念应有效、全面贯彻到高校体育教育目标中。但实际情况是，两者之间的匹配度并没有达到理想的水平。

（1）教学目标没有很好地与"健康第一"理念相结合。"健康第一"要求将健康教育融入所有阶段的国民素质教育，这意味着高校公共体育教学过程应尽量与学生的生活实践有机结合起来，努力培养学生自觉的健康意识和健康行为。另外，作为检验教学目标实施效果的教学评价，必须具备对学生健康意识、行动与技能方面的考核，具体到体育教学考核层面可表现为科学锻炼意识、终身体育习惯养成和科学运动技能的掌握等。此外，健康教育中对"健康"的定义不能局限于身体健康，还包括心理健康以及社会适应能力。然而陕西省部分普通高校现行体育教学目标的设定并没有体现出上述要求，其与健康中国理念脱节，匹配度不高。

（2）在高校公共体育教学中学生的主体地位没有很好凸显。健康教育理念提倡"以生为本"，即以"育人"为最终的目的和出发点，学校应把学生作为教学活动中的主体，以激发学生的兴趣为突破口，不断满足学生的切实需要。但

---

① 毛振明. 体育教学论［M］. 北京：高等教育出版社，2010.

目前陕西省普通高校公共体育教学现状是：体育教师更习惯运用传统的教学方式来进行教学，即以教师主导的"言传身教"为主，欠缺引导学生主动思考与实践的教学方法，学生"学"的积极性有待进一步挖掘，学生的主体地位不够突出；另外，教师不能顾及全体学生学习的体验与兴趣，对学生体育运动创新与思考能力的培养不足，也会反过来使学生在思想上对体育课存在轻视心理[②]。

（3）体育促进学生心理健康、提升社会适应能力的功能没有得到重视。目前我国高校公共体育教学的培养目标主要停留在以学生掌握体育运动技能目标、学生参与运动程度目标、学生终身体育意识目标为中心的教育层面上，相对忽视了体育在促进心理健康和提升社会适应能力方面的特殊作用，在教学目标实施时不够全面。陕西省部分高校在对学生进行终身体育意识的培养时，强调对学生身体素质的锻炼与提高，相关方面的努力是值得肯定的，但却忽略了体育教育在对学生精神塑造、道德品质锤炼、社会交往与适应能力培养等方面的特殊作用，这就使得有许多学生在出现不健康的心理状态时，难以通过体育运动进行排解和疏导。

2. 教学目标存在模糊性和滞后性

2018 年，习近平总书记在全国教育大会上提出的"四位一体"的学校体育目标，标志着学校体育已进入了全新的时代。然而对陕西省普通高校体育中长期发展规划、学校体育工作年度计划、学校体育运动方案和学校体育教学计划、体育教学大纲等文件进行整理分析后发现，其体育教学的目标仍然存在较大的模糊性和滞后性，具体表现在以下几个方面。

（1）当前高校在公共体育教学目标制定方面具有一定自主性，但没有形成自上而下、有步骤、分层次的目标体系。当前大部分普通高校公共体育教学目标仅是为围绕学期末考试获得学分而设置的。据调查，陕西省普通高校体育教学目标，都是由各学校体育管理者或体育教师，根据《学校体育工作条例》和《全国普通高等学校体育课程教学指导纲要》自行制定，教师在自行设定的教学

---

① 栗元辉. 健康中国战略视角下高校公共体育教学发展研究［J］. 教育理论与实践，2017，37（18）：60-61.

目标下生成的教学大纲和体育课程教学目标，在内容上是否具有合法性与合理性，仍需进一步的商榷与探讨。①

"我觉得当前高校公共体育教学目标不是很清晰，或者说教学目标和教学任务相混淆。我认为教学目标是培养学生所要体现的要求和标准，但我们在教学实践中，并不过多地强调这一导向，主要还是依照教学大纲去完成具体的教学任务。"（H5-20210308）

"这么多年高校公共体育教学具体应该实现一个什么样子的目标，学界也好，政策文本中也好，很难找到一个成体系的、完整清晰的答案，比较公认的高校公共体育教学目标应是以运动的技能与参与、身心健康和社会适应能力等方面组成，虽然这些目标涵盖的范围很全面，但各个领域之间关系模糊，不成体系。另外，实话讲，虽然我们常说，要培养学生终身体育意识，培养学生锻炼的习惯，然而在学生期末考核时，主要还是围绕体育课程标准的要求来进行的。"（B2-20210309）

"我感觉现有高校公共体育教学目标的适切性，还是存疑的。因为高校体育开展项目繁多，我了解到的，各高校主要以教研室、教学团队、项目负责人或俱乐部主任制定各运动项目的教学大纲，那么我们并不清楚，本校教师编写的教学大纲是否符合当下或者说健康中国战略目标对体育教学应有之要求。"（M5-20210314）

（2）教学目标在服务于本校人才培养目标定位上的模糊。高等教育是培养能够面向未来，具有高素质、综合素养能力人才的摇篮，各高校因优势学科不同，对人才培养的目标不同，体育教学服务于本校人才培养的目标也同样存在差异。这是因为，不同类型的人才，需要不同的体育锻炼知识与技能为身体健康服务，这将有利于学生在毕业走向社会后，能够掌握适用于自身职业需要的体育锻炼知识与技能，从而为终身体育习惯的养成奠定基础。然而我们在访谈中发现，体育教学目标在服务于学校人才培养目标方面的定位是模糊不清的。

---

① 李曙刚，王海军，张献辉，等. "健康中国"视域下的河北高校公共体育教学改革研究[J]. 科技资讯，2018，16（21）：242-243.

"我校是一所理工类高等院校,在校学生男女比例为7∶3。因此,篮球、足球等体育项目在我们学校就很受学生欢迎,但体育教学具体应怎样围绕学生未来职业需要来设置体育教学目标,我们确实没有过多地涉及。"(L1-20210312)

高校公共体育教学的最终目标是培养学生养成终身体育锻炼的习惯,但是受应试教育理念的深刻影响,不少高校仍然将追求体质健康合格率作为主要目标,缺少对学生心理健康、全面发展、综合素质提高的培养,导致大学生体育教育目标模糊的问题日益凸显。①

(3)当前陕西省普通高校公共体育教学目标难以满足学生对体育教育的需求,存在严重的滞后性。由调查结果可知,六成以上的大学生都希望通过体育课的学习,达到锻炼身体、增进健康的目的,但由于体育教学观念比较落后,学校只注重学生体能的均等化培养,而未能充分考虑到不同学生的多样化心理需求,从而不利于学生个人潜能的挖掘与激发。此外,教学目标的脱节导致教师的"教"与学生的"学"出现"供需偏差",教师也难以全面了解学生,导致体育教学不仅枯燥乏味,还存在严重的不科学和不合理的问题。②

"我是一名健美操教师,选我课的学生通常以女生为主,在与学生的交谈中,我发现学生对体育教学的期待是多方面的,有的希望能改变身形,有的希望认识新的朋友,有的想掌握有效的减肥锻炼方法,有的想改变自己腼腆的性格,能够善于展示自我……然而这些需要和现有教学目标并不完全一致。在教学中,我感到学生学习的积极性不高,即便是对待考试也是马马虎虎。"(D6-20210310)

"教学的目标就是要看学生的体质健康是否合格,不是有句口号叫'发展体育运动,增强人民体质'吗?我认为体能、身体素质始终应是教学的主要目标。一是因为实现这些目标便于执行操作;二是因为这些目标很具体,便于教学评价。"(S7-20210409)

---

① 戴显鹏.高校公共体育教学改革研究[J].教育理论与实践,2018,38(9):63-64.
② 浑涛."健康中国建设"背景下高职体育教学创新策略探究[J].湖北开放职业学院学报,2021,34(20):7-9.

3. 教学目标实施中存在"形式大于内容"的现象

教学目标是高校公共体育教学实施的依据和方向,虽然大部分高校都有明确的教学目标,但是对陕西省普通高校公共体育教学目标实施过程深入分析之后,我们发现,其在落实健康中国战略理念过程中存在"形式大于内容"的现象,具体表现为两个方面。

(1)教学目标在课堂教学实施中"重过程,轻结果",教学目标的实施流于形式。目前陕西省普通高校公共体育教师在课堂教学目标实施过程中主要是以学生考核评价指标为导向开展教学,即体育教师过多关注对学生考核评价结果的达标情况,而忽视在教学过程中对学生全员、全过程、全面发展的培养。这与健康中国战略所倡导的全民健康生活和行为习惯养成的目标相脱节,不符合"以生为本"的教育理念。目前陕西省普通高校体育课堂教学主要从运动参与程度、体质健康水平和运动技能水平三个方面对学生进行考核评价,形成"锻炼次数+体质健康水平+运动技能水平"的评价模式。教师在课堂教学中更加注重运动技能的教授和身体素质的训练,同时督促学生积极进行课外锻炼。总体上看,学生体质健康测试成绩逐年下滑的趋势得到了遏制,向好趋势明显,是值得我们肯定和鼓励的。但健康中国战略所要求的让学生养成健康生活和健康行为习惯的目标还没有落到实处。我们在调研中发现,有部分普通高校体育课堂教学目标的实施看似符合学生的需要,但实际上只是浮于表面。

"现在的体育课堂教学目标在落实上浮于表面,作为一个从事 20 多年体育教学工作的一线教师,对于这样的现象很愤慨。就拿我们现在施行的课堂教学改革举例,其要求我们在俱乐部教学的基础上,依照学生运动技能水平进行分层次教学,设置初级班、中级班、高级班。从表面上看,这样的教学安排更加合理,符合不同运动水平学生的需要,教师也能够有针对性地开展教学。但实际上,学生对于这种分层很抵触,这不仅是我一个人的看法,是有实践先例的。原来 JD 大学就搞过这种分层次教学的改革,效果并不好,很快就调整了。总体说来,分层次教学不符合'以生为本'的原则。每个学生与生俱来的身体条件各异,对于体育项目的偏好各异,如果我们只是简单地依照某一运动项目的技能水平将学生进行层次划分是不科学的,就好比我的班上曾经遇到过一些天生身体发育有缺陷的学生,按照分层次教学,他们几乎不可能有机会升到中级班、高级班,这会大大打击这些学生的积极性。说实在的,体育课堂教学,更多的是要关注那些身体条件不突出、没有养成体育锻炼习惯的学生。因为,爱运动的孩子,根本不用老师督促,他们会主动获取体育知识、经常锻炼,教师只要稍加提示引导,他们就能做得很好。我认为健康中国战略的宗旨是实现全民健康,推行全民健身计划。但我们一些教师还停留在竞技体育的老观念里,把关注点放到运动竞技水平的提高上,这与'五位一体'的教学目标是不符的。还有,在教学评价指挥棒的影响下,我们有些教师,在课堂教学过程中,重过程,不重结果,只要平平安安上完课,学生不出事,就算完成任务,至于有没有落实既定的教学目标,毫不关心。在体质测试过程中也是一样,重过程,不重结果。什么意思?就是测了就行,对于测试的数据,没有加以分析,去为我们的教学目标服务。"(R7-20210303)

(2)教学目标实施形式大于内容,甚至同教学任务相混淆。教学任务是为实现教学目标所提出的具有可操作性、便于测量与评估的一系列具体要求。教学任务并不等同于教学目标,教学任务的完成也不等同于教学目标的实现。对陕西省普通高校体育教学现状进行调研后发现,教师在落实教学目标时更多关注教学任务的完成,而不是教学目标的实现。以"运动参与程度+体质健康测试水平+运动技能水平"教学模式为例,教师通常的表现是:过度关注学生每周锻炼的次数,忽视学生运动参与实际锻炼内容与效果;只关注学生体质测试是否合格,忽视学生体质测试年度数据对比的增量;只关注学生运动技能掌握项目数,忽视对学生自主锻炼习惯是否养成。

"我认为有些体育教师对教学任务与教学目标的概念不清,甚至混淆。比如2020年10月,中共中央办公厅、国务院办公厅发布《关于全面加强和改进新时代学校体育工作的意见》,提出新时代学校体育工作的重点,落实教会、勤练、常赛的教学目标。我们学校根据这一重要指示,制定出台了适用于本校发展的细则,例如,为了落实"勤练"目标,我们学校制定了学生课外锻炼打卡制度,要求老师督促学生完成每学期课外锻炼打卡45次,且每周不少于3次,每次不少于30分钟的要求。落实的结果如何?从数据上看完成得很好,为什么我能这么说，因为教师5%的绩效工资和学生打卡合格率挂钩，要求合格率在95%以上，这下你明白了吗？但实际效果如何呢？学生打卡就真的代表'勤练'目标的实现吗？我看未必。通过我的观察，我们不能说这种制度是完全错误的，起码我每天在打卡机附近看到了很多学生聚集，在30分钟的打卡间隔时间里，有的学生确实在进行各式各样的体育锻炼；但也有相当一部分人，且不是少数的学生，都是在打卡机附近刷手机等够30分钟后就离去。甚至有的学生是骑着自行车过来打个卡后就去干别的了，一会儿再骑着车子回来打卡。我想这些情况，体育管理部门领导并不是不知道，但他们只关注既定教学任务是否完成，老师也只关注学生打卡次数，学生是否真的在锻炼、练得如何，却并不关心，造成的结果就是教学目标在实施上形式大于内容。"（E-20210307）

4.1.2 教学内容与健康中国战略要求存在偏离问题

通过调查发现，目前陕西省大学生对自身健康的重视程度高，具有强烈的健康意愿，但对健康中国战略认识不足，仅有13.46%和24.22%的学生表示对健康中国战略非常熟悉和比较熟悉。通过对学生所掌握的健康知识来源进行调查，发现仅有34.78%的学生表示来自教材。这表明了陕西省大学生健康意愿强烈，而学校健康教育教学供给不能满足学生的需要。此外，陕西省普通高校公共体育教学的内容选择、结构和设置整体分布都具有合理性，但从健康中国战略"大健康""预防为主""体医融合"的要求来看，当前体育教学内容主要存在体育教学理论课设置不合理，体育健康教材内容创新不足、缺乏时代性与趣味性，以及体育健康课内容陈旧等问题，与健康中国战略的理念相偏离。

1. 体育教学内容设置不合理

体育教学包括理论知识的教学和实践技能的教学两部分。其中，理论知识教学对指导学生更好地掌握实践技术具有重要意义，缺乏理论指导的体育教学，不符合教学对体育提供便利条件的要求，更不利于学生身体健康的发展。新中国教学论学科重要奠基人王策三先生曾在《教学论稿》中对体育教学有过这样的一段论述："教学对体育也提供了特别有利的条件，首先，也是提供科学的基础。专设的体育课其根本职能，就是对学生保护身体健康和科学锻炼身体提供理论知识和方法的指导。至于在每周几节课有限的课时内,对学生身体运动和体质发展所产生的影响,那还是第二位的事情。这种指导将影响学生一生身体的健康发展。"①

这说明,理论教学对于促进学生身体健康发展是第一位的。但在陕西省普通高校体育理论课教学现状的调研中,有47.39%的教师表示没有专门的理论教学课时安排,只是将理论内容与实践内容相结合进行教学,仅有4.34%的教师担任专门体育理论课程的教学。理论教学在体育教学中缺失现象明显,与健康中国战略要求普及健康知识与技能的理念存在偏差,具体表现在以下几个方面。

(1) 体育教学理论内容与健康中国战略要求相脱节。对陕西省普通高校大学生掌握科学运动基本知识情况调查中,学生的认知情况普遍偏低,21.9%的学生表示掌握运动的"第二次呼吸",19.83%的学生表示掌握运动"极点",掌握最大心率算法和最佳心率算法的学生仅占16.94%和11.36%,由此可知,学生在掌握科学运动基本知识方面,与健康中国战略普及科学锻炼常识的要求还存在一定的差距。

(2) 体育教学专项结构设置不合理。调研显示,陕西省普通高校开展体育教学项目的数量是丰富的,可供学生自由选择的项目很多。但进一步分类整理后发现,陕西省普通高校开展体育项目的聚合度很高,学校间差异不明显。一方面,高校的体育教学没有形成特色式发展,大多开设了乒乓球、羽毛球、网球、足球、篮球、排球、健美操、瑜伽等项目,以及中华民族传统体育运动项目,如武术、太极拳、八段锦等。不同高校各自特有的体育文化并未形成,学生纯属上体育课而已,体育的文化属性功能没有得到充分发挥,育人效果不明显。另一方面,一些学生喜闻乐见的项目,在社会体育中开展得如火如荼,但在高校公共体育教学中的发展不乐观,不能广泛满足新时代大学生的需要。尽管有部分高校增添了一些学生感兴趣并具休闲性、娱乐性、实用性的项目,但在场地、设施、教师数量等方面的限制下,这些体育课程开展范围较小,不能

---

① 戴显鹏. 高校公共体育教学改革研究 [J]. 教育理论与实践,2018,38 (9):63-64.

满足所有学生的需求。因此，在教学计划中体现的一些运功项目，实际上就是无可选择的"必修课"。

"自卫防身科学是我从美国斯坦福大学引进的一门体育课程，目前是学校的一门选修课，学生反响一直不错，教学效果良好。起初我们就是在学校空闲的马路上授课，并没有专门的场地，所以对于一些技术动作，学生根本无法进行练习，还经常因为天气原因，教学无法正常开展。不过现在条件好些了，起码有个室内的场地。但学校最近来通知，我们又要更换场地。"（A-20210303）

"普拉提是近两年我们学校新开设的课程。由于是新开课程，学校并没有专门的教室，我只好临时在原体育舞蹈教室上课，那里每次只能容纳30人，且学校目前就我一个普拉提教练，学生经常会给我反映，他们好多同学也想选我的课，但因为人数限制，选不进来，只能有什么课就选什么课来上。"（N-20210315）

2. 体育健康教材创新不足，缺乏趣味性

健康中国战略理念强调健康教育，要求塑造健康行为，促进心理健康。但目前陕西省普通高校的体育课堂教学内容，依然较为陈旧、枯燥和单一，在教学过程中由于缺乏趣味性而难以激发学生的学习兴趣，教学效果也会大打折扣。具体体现在以下几个方面。

（1）课程教材内容死板僵化，弹性化和个性化不足。高校体育课程教材主要按单一学科课程内容纵向排列的方法，这就使得教材内容及进度被框得过死，符合学生兴趣和爱好的内容无法纳入教材，教材的健康性与教学性也难以得到充分体现，①从而造成竞技运动项目长期被作为主要内容，"学生只能获得单一的、系统的文化科学知识，学生的自主参与能力、交往能力、动手实践能力和创新能力及个性发展受到制约"②，从而与社会需求脱节。

（2）高校体育课堂教学内容的健康教育和文化教育功能缺失。把健康教育作为素质教育的重要内容，是健康中国战略的明确要求。然而在落实健康中国

---

① 王林，王岩. 高校体育课程内容体系的弊端与改革思路［J］. 体育与科学，2003（5）：29.
② 王林. 构建高校体育新课程体系的两个迫切问题［J］. 体育与科学，2004（6）：82-84.

战略的过程中，许多高校习惯把体育教育和健康教育画等号，从而造成高校体育课程内容体系仍然落后于健康教育要求的状况，要么"挂羊头卖狗肉""新瓶装旧酒"，健康教育流于形式，要么"各行其是"，相互孤立地发展。同时，将提高学生体育文化素养作为课堂教学内容之一的高校也相对较少，对体育文化教育的关注不够。

"体育具有促进健康的功能，这是大家的共识。我认为高校体育在健康教育和文化教育方面是缺失的。为什么这么说呢？教师缺少健康知识的系统教授，所有教学基本上都是在运动场、体育馆进行的，有关健康教育的课时安排，即便是教学大纲上有的，也基本流于形式，只是给学生发本教材，让学生自己看，期末考试也不考，所以好多教师和学生对此不重视。关于文化教育，也是同样的情况，一是期末考核很难评价，二是由于考试不考，教师教的少，学生也就不学。"（Z7-20210305）

"我认为体育是一种文化现象，体育教学中对于文化教育的体现，是潜移默化的，比如篮球对学生团队协作精神的培养，需要在平时的训练中对学生进行渗透，让他们在比赛中体悟，在试错中理解，在反复磨合中提高。这个过程难以与其他教育割裂而单独进行。不过，说实在的，在实际课堂教学有限的时间里，对学生进行文化教育，实效是非常有限的。"（Y-20210323）

（3）高校体育运动项目的乡土性和趣味性有待提高。课堂教学内容的乡土性指课程内容具有民族性和地方性特点，符合学校和学生实际，其不仅受到学生的青睐，也容易激发学生的学习兴趣。民族传统体育项目作为中华文明的绚烂瑰宝，具有娱乐性和趣味性于一体的特点，那些流传在民间的体育活动内容经过搜集、整理、筛选、创编和实践，就可以改编成适合普通高校体育选项课教学内容，[①]然而当前陕西省开设民族传统体育专业的学校寥寥无几，许多高校未能对本地的民族和乡土文化体育项目开发高度重视，所以在民族传统体育课程改革、学科与专业建设上都还有着较大的发展空间。

[①] 姚大为，张强. 达斡尔族传统体育项目融入高校公共体育教学的研究［J］. 体育学刊，2009，16（12）：59-62.

3. 课外锻炼活动缺乏引导性和健身性

学校素质教育的重点是培养学生的实践和创新能力，同样，高校体育教育的重点也应该放在提高学生的实践能力和培养学生的创新能力上。课外体育活动是高校公共体育教学中必不可少的部分，也是对学生有趣的课余生活的补充，但从现状而言，其并未得到有效的利用。

第一，由于高校学生的成长环境、身心条件和个性特点存在较大的差异性，其所爱好的运动项目也各不相同，在课时有限的课程教学中，教师很难对体育运动项目进行全面展示，无法充分挖掘学生体育运动的潜能，学生也难以有效发现自身的兴趣所在和擅长的领域。例如，男生相对偏向于球类运动和竞技运动，女生则更为偏向操舞类项目以及较为舒缓的体育运动项目。因此，只有充分重视课外体育活动，利用课外时间有效引导学生系统了解运动项目相关信息，养成健康科学的锻炼习惯，健康教育才能收到更好的效果。但陕西省普通高校目前并不重视课外锻炼的活动。第二，对于陕西省普通高校来说，普遍存在着对体育教学基础设施建设投资不足、专业和高质量的体育场馆较少等现象，这不仅导致学生缺少课外锻炼场地，相关锻炼计划也一再推迟，[①]而且造成校内体育教学与课外体育锻炼的达成度不够，即学生只能通过体育课来达到锻炼的效果，练习时间较少且频率较低，负荷量和运动强度不够。第三，高校学生体育社团和竞赛活动仍不健全。高校学生体育社团是由学生发起的，经学校批准备案的体育活动组织，在学生中具有影响力大、参与积极性高等特点，是高校体育教学、课外体育活动的延伸，对校园文化建设、学生综合素质培养及推进全民健身发挥了不可低估的积极作用。通过访谈得知，大部分高校体育社团没有稳定的活动场所，特别是室内场所经常得不到保障，户外活动受制于天气。比如足球、篮球等项目的户外场地相对充足，基本能保证社团活动需要，但遇到雨雪天气、场地湿滑的情况，活动不得不暂停。而室内活动，如体育舞蹈、健美操、瑜伽等项目，由于没有固定的活动场所，只好在活动大厅、过道或走

---

① 浑涛. "健康中国建设"背景下高职体育教学创新策略探究[J]. 湖北开放职业学院学报，2021，34（20）：7-9.

廊进行。这些地方缺乏镜子、把杆等器械，不能完全满足学生社团活动的需要。第四，与国外高校相比，课外体育活动还缺少计划性和规范性。如20世纪50年代就提出的"学生每天锻炼一小时"任务，如今已成为建设"健康中国"的要求之一，列入国家法规。对学生锻炼的形式的规定也从模糊逐渐清晰，从广泛逐渐精准、聚焦。但目前部分学校的体育课、课外体育活动和大课间体育活动，在执行过程中仍然存在认识不到位、措施不得力、进展没起色的情况，与正式的体育课相比，课外体育活动的计划性和规范性还存在较大的缺陷，其对学生的健康锻炼效果也难以保证。

4.1.3 教学方法和组织形式比较单一

"方法"一词的本意是指沿着或按照某一条道路，后演变为达到某种目的或完成某事的程序或顺序。顾明远在《教育大辞典》中对"方法"的解释是："为了实现预定的目的，按一定程序而采取的行为方式总称。"教学方法因应用主体不同，可分为教的方法和学的方法，两者相互作用，密切联系，是教学活动统一体的两个方面。无论哪一个方面出现问题都会影响到教学方法的实施效果。这就意味着高校公共体育教师在教学中要懂得教学方法的存在，能够在自身体育教学活动中自觉地利用这样或那样的方法。教无定法，则意味着教学过程中没有一套固定的无需变化的方法，每一种教学方法都应该伴随着教学环境的改变进行适当调整，使之符合自身教学的需要。贵在得法，则说明教学方法的掌握不是一个简单的事情，需要不断积累与反思，创编适用于自身的教学方法。开展全民健身运动，促进健康生活和行为习惯的养成，是健康中国战略要求之一。为促进这一目标的落实，高校公共体育教学方法的创新是必要的。通过教学方法的创新，不仅有利于激发学生课堂参与热情，让他们更好地掌握体育运动技能，还有利于提高学习效率、增强学生体质。然而，从调研的结果看，当前高校公共体育教学方法中还存在以下问题：

1. 教学方法认知存在偏差，单一教法盛行

体育教师对教学方法概念的理解，是准确把握并运用教学方法的前提。从调研和访谈的结果看，陕西省普通高校公共体育教师在教学方法上主要存在两个问题。一是对教学方法的认知偏经验主义，对健康教育提出的教学原则了解不够。"健康中国"战略下的体育教学方法到底是什么？不同的体育教师给出了不同的解释。有教师认为"和普通体育教学方法没有区别"；也有教师认为"体育教学方法是按照一定的教学目标，运用教学内容，组织并实施教学活动的手段和方法的集合"；还有部分教师认为"体育教学方法，应该由教学组织形式、教学方法和教学手段等组成，是教师组织学生传授教学内容的途径。"教学一线体育教师对体育教学方法内涵的理解主要从自己的实际工作出发，未站在宏观的高度来把握。二是教师在具体教学方法上偏好于"以教为主"的单一方法。在对体育教师调研与访谈的过程中，部分教师对具体体育教学方法的认知往往局限于一些"以教为主"单一的体育教学方法。

"我觉得高校公共体育教学方法应突出以传授知识技能为目的。在体育教学中当然要以教师的讲解、示范、辅导为主要方法。我最常用的就是讲解法、示范法、分解练习法、重复练习法、循环练习法、纠正错误法、演示法等。我觉得这些方法能够帮助学生很快地掌握体育运动练习的知识、技能。"（H5-20210308）

"在我的体育教学中，我主要还是保证基础知识与基本技能。实话说，把知识、技能传授给学生就万事大吉了。在这种情况下，最好的就是采取讲解法、示范法、分解练习法、重复练习法、循环练习法。一则教师教学的过程比较得心应手，二则也符合学校考核的要求。"（F1-20210306）

"我教授的课程属于操舞类项目，这一类的项目具有观赏性、唯美性的特点，因此，在实际教学中讲解法、示范法、重复练习法、分组练习法为我主要的教学方法。其中讲解法、示范法在教学方法中使用的频次占有绝大比例，源于这是操舞类项目教学中同行教师间普遍使用且效果最佳的方法。"（G1-20210308）

从上述代表性访谈中可以看出，讲解法、示范法、纠错法、重复练习法等都属于"以教为主"的体育教学方法，主要突出的是教师按照"教"的意愿进行教学。这类方法能够帮助教师快速达成教学任务，但与此同时，其容易忽略学生的个体差异性。从而导致学生对体育运动的发现、感知、内化等能力难以真正提高，自主学习运动技能的积极性下降，在体育运动中发现问题和解决问题的能力也就无法真正得到提升。这与健康中国战略"培养社会体育氛围良好并向上发展，人民体育兴趣得到培养"的长远目标相违背。

2. 教学模式有待创新，俱乐部形式发展不完善

在一定教学思想、理论和实践的指导下，形成较为固定教学活动的框架或流程，我们称之为教学模式。当前的高校体育运动教学通常以"教师示范＋学生模仿"的教学模式为主，缺乏创新。部分教师在实践教学中多采用先理论讲解再实践验证理论的程序，多使用"讲解＋示范"的方法，这也是体育教学中较为常见且效果显著的教学方法组合。从理论上来说，这是合理的。学生对体育运动从认知到实践并逐渐螺旋式上升发展。然而在陕西省普通高校体育教学方法的调查中我们发现，认为教师"不能顾及体验成功的乐趣""关注学生不够"和"与学生交流不够"占主流，所占比例达到八成以上。这说明学生对于学的体验的需要没有被满足，以教师的教为主导教学不能激发学生学习的兴趣。此外，教学重在学、重在育人，这种传统模式虽无过，但没有注重"以生为本"的教学理念。这与健康教育所倡导的知识传授与健康行为养成相促进的教学原则也是不一致的。

从学生对当前高校公共体育教学方法的意见可以看出，学生对体育教师教学方法有诸多不满。一是"不能顾及体验成功的乐趣"，这是当前高校公共体育教学方法中确实存在的问题。从理论上讲，体育教学方法的选择不能随心所欲，其要考虑的因素众多，如体育教师的能力和自身习惯、体育教学目标和任务、教学时间的限制和制约、体育教学内容安排与要求、学生的身体素质水平、体育技术、技能基础等等。正所谓"贵在教法"，教师教学方法的使用，不能仅从自我出发，而是要从教授对象入手，真正把学生放在第一位，尝试拓展新的教学模式。二是校园体育俱乐部的发展缺失。高校体育俱乐部是高校进行体育教学的一种新的组织形式，与班级授课组织形式和走班制组织形式不同：其一，学生能较为自由地根据自己的需要选择所要学习的运动项目；其二，学生可在相应的俱乐部里选择自己喜欢的老师和上课时间；其三，学生学习的进度不是依照老师安排的固定模式滚动进行，学生可以有一定的选择和晋升空间。如陕西省 XY 高校就实行了俱乐部制组织教学，大一新生可以在网上熟悉各个项目俱乐部招生的条件以及老师的基本情况，根据需要进行选择。当学生经过一段时间的学习，掌握一定的项目技巧后，还可申请进入同一俱乐部高级班继续进行学习，也可转换俱乐部进行其他项目的学习。这种组织形式为学生的选择提供了更多的空间，但也存在一定的问题。第一，学生选课自由度过大从而导致俱乐部教学进度受限，教师无法系统地进行理论知识的教授。第二，目前陕西省普通高校的俱乐部组织形式并无制度规范管理。也就是说，各俱乐部在教师的带领下，实施的仍是走班式组织教学，没有形成适用于各俱乐部项目特色和实际需要的管理制度，从而导致"俱乐部教学形式"下的教学质量整体偏低。

3. 信息技术应用能力不强，教学资源有待大力开发

现代教学技术是丰富高校公共体育教学的重要载体和手段，对培养学生学与练的兴趣和积极性、提高教学效率、扩展学生学习资源、启发学生积极思维具有重要作用。但如前述，当前高校公共体育教学中对信息技术手段的具体运用存在着以下问题：一是高校公共体育教师的信息技术运用能力不强。从调研的数据看，当前高校公共体育教师都能正确认识信息技术对提升高校公共体育教学质量的意义，教师们普遍认为，在教学中运用多种信息技术能够培养学生学习、练习的兴趣，引导学生理解、掌握课程内容，直观地了解课外信息，提升教学效率，拓宽学生视野。但由于教师对信息技术不具备足够的运用能力，所以他们普遍表示在自身体育教学课程中较少主动积极地应用体育信息技术。如在访谈中，部分教师表示：

"我觉得信息技术能够培养学生学习、练习的兴趣，对他们直观地了解课外信息，拓宽视野是有帮助的。但是由于部分高新技术的操作太过于复杂，如多媒体系统，对其运用的熟练程度将直接影响授课质量。所以，我个人还是不太愿意去学习新的教学软件，因为我已经习惯传统的教学方式。"（Y-20210323）

从接受采访的老师表述中可以看出，受硬件设施不足、教师的信息技术应用能力的影响，当前高校公共体育教学中对信息技术应用频率和质量都有待提高，高校公共体育教学资源也有待进一步开发。伴随着体育设施更新换代的影响，高校对体育教学资源的开发需求越来越高，但开发的脚步跟不上体育设施更新换代的频率。综上所述，以上原因带来的直接结果就是高校公共体育教学资源不够，无法真正适应高校公共体育教学方法的需求与发展。

4.1.4 教学评价机制不完善

教学评价是检验教学实施效果是否符合教学目标的活动，通常由具体的评价标准构成，并按照一定的方法、手段或流程，对教学的要素、过程和效果进行价值判断的活动。因此，既然是价值判断的活动，那么作为教学评价主体的价值观就显得尤为重要，影响着教学评价的客观、公平与公正。健康中国战略所提出的"健康第一""以生为本""终身体育"等理念对普通高校体育教学评价的标准提出了新的要求：第一，应确定主体的需要，这里的"主体"不是教师，不是社会，也不仅仅是个人，而是指一种将个人、社会价值融合统一成为一个整体的存在，即确定体育教学终究需要达到什么样的终极目标。第二，应确定评价的内容，即评价的标准，这部分内容既要体现质性内容，也要有量化的内容；既要有阶段性的评价，也要有终结性的评价。需要特别说明的是，以上内容的确定要基于体育教学的本质属性与功能，如超出体育教学的职能去要求教学为我们服务，那一定是徒劳的。在健康中国战略下，培养学生提升体育能力、掌握科学锻炼方法、完善学生个性与品德，是依照体育教学本质属性建立起的新的高校体育教学价值目标体系。然而，从当前高校公共体育教学评价的具体实践看，其发展还存在着以下问题。

1. 教学评价的价值理念出现偏移，功利色彩浓厚

评价价值理念回答的是"为什么评价"的问题，换言之，其决定了高校公共体育教学最终走向何处。从当前高校公共体育教学评价的实践运行情况看，其价值取向出现偏移。具体来说，一是部分教师对高校公共体育教学评价的认知存在偏差。从应然层面上看，高校公共体育教学评价应发挥其反馈调节、诊断指导、激励导向等功能。然而，在具体的高校公共体育教学中，部分教师对体育教学评价功能认识肤浅，往往注重其分析和管理功能，过于重视结果性评价，而忽略了激励和导向功能的发挥。从受访教师的访谈情况看，一些教师认为高校公共体育教学应围绕体质健康测试展开。

"在我看来,高校公共体育教学评价在很大程度上还是要围绕体能测试等量化指标展开。对学生进行考核,就是要看其有没有按时到课,能不能够达到学校的要求。比如在某些赛事活动选拔上,开展体育教学评价,目的就是为了那些被选拔参赛的同学,至于其他的学生,我觉得他们能够完成基本任务就可以了。对了,我比较注重学生平时到课率,我觉得借助体育教学评价能够帮助我很好的管理学校课堂。"(H5-20210308)

从 H5 教师对高校公共体育教学评价的功能可以看出,该教师对高校公共体育教学的评价功能认识肤浅,主要注重评价的管理功能。因此,其在对日常教学评价的过程中,会比较关注课堂教学的体能测试或是学校要求直接考核的项目,抑或是能够有益于赛事选拔的种子选手等。这充分证明当前部分教师对高校公共体育教学评价考核存在着一定的功利价值取向。另外,部分学生对高校体育课程的学习具有功利性。《全国普通高校体育课程教学指导纲要》规定了高校体育教学为必修课的属性并实行学分制。往往一涉及学分制度,学生即便喜欢体育课,也难完全避免对体育学习产生功利化观念。在调查中,有超过七成的学生认为学分获取难易程度是其评价某门体育课程好与坏的重要参考标准。高校学生在这样一种功利化的评价体系牵引下,其进行体育课程学习活动的动机偏离了健康中国战略中"健康第一""终身体育""科学健身"的宗旨,从而导致高校体育课程中的成绩成为激发他们学习动机的源泉。加之某些教师在教学考核评价中,不能根据体能差异设定不同的评价标准,造成部分灵活度较好但体能稍差的学生"不通过"概率较高。久而久之,在重结果不重过程的评价导向指引下,学生的体育学习兴趣就会受到更大影响。

2. 教学评价的内容指标不够全面,认可度不高

在健康中国战略下,高校公共体育教学评价的内容应以培养面向未来,具有高素质、综合能力,以及各高校学科特点的人才为导向。但现阶段高校在评价体育教学和学生的体育水平时,往往处于一种"重训练结果,轻行为养成"的窘境,即部分教师对学生的教学评价只局限于对学生某一种或几种运动技能的表现进行评判,对过程性、获得性的提高以及其他不在考核范围的运动能力往往采取置之不理的态度,只考虑了某些运动的竞技性,而忽略了体育运动的健身功能。①

一是在对学生进行评价时,评价内容范围狭窄,忽视阶段性、发展型能力的提升。教师在教学过程中对学生的评价内容还主要集中在出勤率、学生的学习态度,抑或是学生的技能掌握、体能提升、课堂表现等方面。目前,高校公共体育教学评价中对学生的终身体育习惯养成和科学健身知识习得情况关注度不足,更缺乏对学生体育文化素养和综合素养方面的评价。高校公共体育教学评价内容仅侧重对大学生体育知识、技能的习得和身体机能的提升。如部分高校教师在对学生进行体育课程考核中,对学生成绩的考核,往往都是用体能测试中跑、跳的成绩等显性要素衡量学生的水平,在一定程度上忽略了学生团队合作意识与能力、运动兴趣、运动行为等隐形要素的培养。这既与健康中国视域下的教学目标存在背离,也不符合健康中国战略对大学生终身体育意识培养,甚至直接影响学生参与体育教学的积极性,制约体育育人价值的实现。

二是在对教师进行评价时,评价指标单一,缺乏学科差异性。从理论上讲,科学的教学评价可以激发教师教学的主动性与创造性,从而提升教师的专业水平。然而现阶段,陕西省部分高校采取趋于一致的评价指标,一方面忽视了体育学科的应用型价值,另一方面未重视该学科授课教师与其他学科教师在理论研究层面的显著差距。这必然导致体育教师在高校教师评价考核中处于弱势地位,体育教师的职业发展也将受到严重影响。在"您所在学校是否有针对体育授课教师建立差异化评价体系"中,33.7%的受访教师表示自己所在学校对体育授课教师在职称评审、选拔用人方面并未有特殊政策。

"我认为对高校公共体育教学教师评价内容应体现差异性与综合性,高校有必要结合体育学科的应用型、技能型学科属性,针对体育授课教师建立差异化评价内容框架。体育学科是一门应用性极强的学科,在学科属性和体育项目类型上与一般的实用学科和热门学科还是有一定差异之处的。然而,现阶段我所在单位对我们体育教师的考核与一般教师的考核并没有什么区别。比如我所在

---

① 李琴,苏利群. 基于体育三大领域发展态势探讨中国体育发展趋势 [J]. 广州体育学院学报,2014 (6):57-61.

的单位是一所综合类大学，我们学校对体育教师和一般教师在评职称上的要求并无太大区别，以副教教授为例，都需要两篇高水平论文、省部级项目（排名前三）、省部级科研或省部级竞赛获奖（表4-1）。"（D6-20210310）

表4-1　陕西省YW高校教师申报副教授职称条件

类型	人才培养	公开发表论文/专著/教材	教学/科研项目	获奖及专利
教学为主型（外语、体育）	主讲2门本科生课程，年均本科生课时≥120	至少参与3项教学服务	2篇高水平论文	1. 参与省部级及以上教学研究项目1项（校内前3），或主持校级教学研究项目2项 2. 参与省部级及以上一流课程项目1项（校内前3）	1. 获校级教学成果一等奖及以上前5，或校级及以上教材奖前2，或省部级教师教学竞赛二等奖及以上（第1） 2. 作为主教练（第1）指导学生参加全国性学科竞赛获得国家或国际二等奖及以上3次
教学为主型（其他学科）	主讲2门本科生课程，年均本科生课时≥64	至少参与3项教学服务	理工类： 2篇高水平论文（其中二类及以上贡献度论文1篇） 人文社科类： 2篇高水平论文	1. 参与省部级及以上教改项目1项（校内前3），或主持校级教学研究项目2项 2. 参与省部级及以上一流课程项目1项（校内前3）	

从D6教师的语言描述中可以看到，陕西省YW大学在职称评审等考核评价体系上没有针对体育教师和其他学科教师构建差异性标准，导致体育教师在正常的体育教学评价中处于不利地位。与此同时，由于现阶段对高校公共体育教师的评价内容缺乏授课课时、教学理念、方式创新等的评价，所以部分高校公共体育教师的教学能力不能得到全方位的考核，长此以往必然不利于高校公共体育教师专业能力的提升。

3. 教学评价的责任主体长期固定，经验主义泛滥

教学评价的责任主体涉及"谁来评"的问题，从应然层面看，高校公共体育教学评价主体结构应包括学校、学院、师生及校外专家等利益相关者。然而，现阶段高校公共体育教学责任主体长期集中于教师，这种单一固定的评价主体，容易导致体育教学评价结果呈现出主观性和片面性。

其一，学生参与度较低。学生作为教学活动的对象，同时也是教学的最终目的"育人"中的"人"，是教学评价极为重要的主体，也是高校公共体育教学评价中不可或缺的重要构成部分。他们对高校公共体育教学活动的具体组织和实施开展具有最为真实的体验和感受，能够真正反映出高校公共体育教学的效果。然而，从现阶段教师对学生的评价看，部分高校公共体育教学评价以师生单向评价的方式为主，教师在教学评价中占有绝对的主导地位，学生的评价权处于弱势地位。实际调查也显示，当前高校公共体育教学还是采用以教师主评的方式，教师在对学生的考核评价中占据着绝对的主导地位，学生较少参与到课程的考核评价中。从应然层面上，学生参与体育课堂教学评价，是教学回归教书育人根本要求的具体表现。但在实践中，学生参与教学评价的方式在高校公共体育教学中并未落实到位，在这种背景下，高校公共体育教学中的师生关系受到了严重影响，体育教学改革也无法实现深入发展。

其二，教师互评流于形式。教师互评是指对教师进行考核时，充分发挥群体内的个体对同伴的反馈作用，帮助高校公共体育教学教师进行知识建构和教学技能提升。然而从运行的实际状况看，当前高校公共体育教学中教师互评流于形式，一些教师出于对校内人际关系的建立与维护，不愿意对其他教师的教学方式提出疑问和建议。正如访谈过程中一位教师所提出的：

"我认为教师互评在当前高校公共体育教学评价中还是处于一种形式主义状态。据我所知，我身边那些任职体育教师的同事都会碍于情面，心照不宣地相互打高分，或者干脆都不去实地听课，直接填表打分并提交。同行评价形同虚设。就比如上学期刚进行的教学鉴定，这是我们学校每年都要搞的一个考核，要求教师上传教案、准备3堂公开课，会有专家随时来班上旁听，并针对教学组织形式、教学方法使用等进行提问。还有一条就是同行评价和学生评价，但这两个方面可以基本忽略。首先是同行之间，这个很微妙，大家都不会对这个评价太较真，你懂吧？再就是学生评价，我认为学生评价很难具有代表性，比如说上体育课总要有点运动强度，但有的学生就是不爱运动，就觉得你老师要求得太高了，给你差评，这种情况也是有的。"（Q3-20210419）

4. 教学评价的方式选择过于单一，差异化评价较少

教学评价方式是对某一对象进行评价时采取的方法和手段，在某种程度上，评价方式选取的得当与否会决定评价功能的发挥效果。通常而言，教学评价方式主要可分为传统的课程教育评价方式和新型的课程评价方式。如前所述，当前高校公共体育教学评价活动中仍然将传统的课堂教学评价方式作为主要手段，尤其是过于注重对学生体育学习结果进行标准化考核，且呈现出教师主导和内容不全的特点。在健康中国战略视域下，高校公共体育教学的评价方式应该充分发挥出精准判断教学价值、监督教学过程及其实施效果，以及在评价过程和结果中使学生学习态度得以端正和强化的作用。但在实际教学中，学校和教师仍然是以终结性评价为主，过程性评价和发展性评价方式严重不足，而终结性评价又主要局限于对学生体育知识和技能的掌握，评价方式相对单一，既无法充分体现学生的健康素养的养成状况，又难以激发学生参与体育锻炼的主动性和积极性。与此同时，教学评价方式的滞后，又无法系统、全面、科学地考察和判断公共体育教学效果，从而限制了根据评价结果对教学目标和内容的改进活动，严重制约高校公共体育教学的改革与发展。正如受访的一位体育教师表示：

"当前的高校公共体育教学评价还是以终结性评价为主的。一般来说，我们对学生的考核，往往会侧重其最终课程结束的表现。虽然我们也会做一些阶段性评价，如课外锻炼打卡的次数、考勤情况等，但是缺少对学生体质健康状况的增量及行为习惯养成的考察。不能光凭学生一学期打了多少次卡，就认为学生有了经常锻炼的习惯，不能说学生体质健康测试合格就身体健康，更不能判定学生专项技能考试合格，就掌握了一项运动技能，并会在生活中付诸实践。我认为，这种评价是以教学任务的完成为导向，而不是以实现教学目标为目的。因此，学生毕业离开了学校，没有拿学分的要求，没有课外锻炼打卡的要求之后呢？还会持续进行规律的锻炼么？我认为这才是体育教学管理者和教师应该思考的，思考如何在教学中对学生进行评价。"（T-20210412）

一是阶段性评价能够强化教学的监督功能，进一步发挥评价方式在课堂教学过程中的监督调节功能，能够帮助学生提高健康体育素养，培养学生运动习惯。但这一评价方式不利于高校公共体育教学的长远发展。二是高校公共体育教学评价中重定量评价，轻质性评价。目前，在对学生进行考核中，往往采取对学生到课率、体能测试等量化指标，而对于那些对大学生体育教学项目内在认知的评定，比如体育运动爱好、意识培养、运动习惯的养成以及体育精神的习得等质性指标要素关注度偏低。三是体育教学评价过程中绝对评价现象偏多，差异化评价较少。由于个体先天因素和后天环境的不同，不同的学生个体的体能状况存在着一定差异。对部分个体条件确实存在差异的学生，教师在教学评价中应该做到针对性评价，根据不同学生的个性化特征及时调整自己的评价方式，然而在具体的教学实践中，落实效果往往不够理想。

"在我十多年的高校公共体育教学生涯中，我经常会碰到由先天条件不足或后天体能较差的"特殊学生"。以我所教的健美操课程为例，我的班上曾有一名女生左边肩关节先天发育不完全，左手臂无法上举，在考核时如果按照大纲既定的要求，是不符合'以生为本'要求的，所以教师通常会酌情特殊处理。还有一些体型超重的学生，他们在进行一些体质健康测试项目时，我发现很抵触，甚至已经基本丧失了努力提升自身体能的想法，这是因为，我们给予学生的既定标准，让他们看不到希望，索性就躺平了，这其实是我们不希望看到的。说实在的，体质健康监测更多的应该关注弱势群体，这样才符合我们教育的公平性。要根据学生不同的身体特点，制订相应的教学计划，实施不同的评价考核标准，让每一个学生都能受到教师的关注与关怀。还有一件事情令我印象深刻，一个183厘米高的男生，他在体质测试中每一个项目都不达标，甚至在立定跳远项目中只跳了140厘米，要知道像他一样身高的人走路步幅，走得大一点都接近140厘米了。针对这样的学生，如果老师一味地按照既定要求去考核，会极大地打击学生的积极性，我认为还是要因人设考，'以生为本'。"（D6-20200310）

4.2 存在问题的原因剖析

把握形成问题的原因是有效解决问题的前提。上一部分所述的种种问题的产生原因非常复杂，我们对标健康中国战略下我国高校公共体育教学中存在的种种问题，反思导致上述问题形成的原因极为重要。高校公共体育教学是党和国家推进健康中国战略有效落地的重要途径和环节，是一个涉及多重因素和行动主体的重要系统工程，导致上述问题出现的原因也是一个由多种因素复杂交织而成的结果，既涉及全社会健康意识淡薄的问题，也与人、财、物等因素条件密切相关。其中，既有思想观念的滞后，也有体制机制的障碍；既有客观因素的羁绊，也有主观人为因素的影响。概括起来，可以将健康中国战略下普通高校公共体育教学实施中的问题诱因归结为"升学教育"主导下学生体育意识的式微、高校竞争下全社会健康意识淡漠、高水平专业化教师缺乏和经费与硬件保障条件不足等。

4.2.1 "升学教育"主导下学生体育意识式微

意识是行为的先导，作为直接经验的主观经验，制约着行为主体的知、情、意、行。"升学教育"主导下学生体育意识的式微表现为对体育认知不足，喜欢体育却不喜欢体育教学内容，对体育锻炼不积极。

1. "升学教育"主导下学生体育认知的不足

学生对体育认知的形成，主要发生在中学阶段。改革开放以来，以片面追求"升学率"和"分数"的应试教育逐渐成为社会的主导思想，严重影响着学生对体育活动的认知，导致学生对提高身体素质、养成良好锻炼行为习惯和生活方式，以及保持健康饮食等方面缺乏高度重视和科学认知。这主要表现在以下几个方面：第一，体育教学课程是向学生传递系统的身体运动知识，培养良好的体育锻炼习惯，促进形成科学的健康生活方式的主阵地和核心途径，学校对学生的体育锻炼活动不重视，不仅严重挤压和缩减校内体育锻炼时间，而且对体育教学课程也在相当程度上存在削减和挤占的现象，体育教师也经常"被生病"，这使得学校体育课程在育人过程中的主体地位和功能发挥遭到严重削弱，学生也缺乏有效了解和掌握体育知识和技能的内在动力，难以形成科学的体育认知。第二，中学阶段的体育教学内容存在着严重的"应试性"，即以体育升学考试内容作为体育教学的主要内容，考什么就练什么，功利性和目的性太强，从而忽视了学生身心健康发展的客观规律。这样的体育教学，既不能满足学生对体育健康的教育需要，也不能起到促进学生养成科学锻炼习惯和生活方式的作用，还严重干扰了学校正常的体育教学活动。片面追求体育锻炼的达标率和应试性，会使得学生对于体育科学锻炼知识、体育促进健康的重要作用缺乏客观正确的认知，他们更多地将体育运动作为获得某种目标的工具，难以形成终身体育的良好理念。

2. "升学教育"主导下学生喜欢体育但不喜欢体育课

学校体育课程的教学内容不符合学生需要，课堂氛围沉闷无趣，学生难以在体育课上获取自身需要的运动技能，是导致学生喜欢体育活动而不喜欢体育课的主要因素。长期以来，受应试取向的影响，使学生在体育活动中享受身体运动乐趣的景象少之又少，取而代之的是体育运动和体育课程之间的藩篱和鸿沟，尽管学生从小学到高中已经经历了十几年的体育课程学习，但他们仍然觉得体育活动枯燥无味，在进入大学相对自由宽松的教学环境后，自然难以形成主动自觉地开展体育锻炼的习惯。学生们喜欢课外活动而不喜欢体育课，表明喜欢体育运动是青少年的天性，只要能够合理引导，采取适当的方式，提供有利的环境，就能够充分激发学生参与体育活动的积极性和主动性。其也从一个侧面反映了学生不喜欢体育课的原因：当前的课程教学并没有为学生主动锻炼身体起到促进作用，而是在一定程度上起到了相反的阻碍作用。其一，体育活动本质上是一个自愿、自发的行为，并没有什么特别的必须达成的目标，学生进行体育锻炼简单而朴素的初衷是在运动过程中享受到乐趣和感受到身心愉悦，但在体育课堂上，学生丧失了这种自主选择运动项目的机会和权利，同时也无法自由选择体育运动的时间、空间、同伴和指导者，且由于缺少固定的、温情的、相互配合默契的运动团体，学生在体育课堂上难以形成较高的运动兴趣。其二，体育运动是以竞争和表现为主要特征和动力的行为，只有在长期的比赛和训练中才能得到质的提升，但学校的体育课程主要是以教学为主，以往的体育教学思想又常常忽视竞赛在运动中的作用，这就导致学生在体育课堂上享受不到表现自我和追求卓越的乐趣，从而也就产生出对体育活动的厌倦和逃避倾向。

3. "升学教育"主导下学生体育锻炼行动严重不足

健康教育既不是升学考核的内容，也不是毕业考评的内容，更不是就业用人的先决条件，无形中给学生一种学习健康知识无用的"错觉"，直接导致学生在体育锻炼的具体行动上不重视高校体育课程。事实上，受"智育第一"、短期目标、"路径依赖"等传统观念和制度供给的影响，高校公共体育教学始终是一个薄弱环节[1]。2020年10月，中共中央办公厅、国务院办公厅《关于全面加强和改进新时代学校体育工作的意见》指出："着力保障学生每天校内、校外各1个小时体育活动时间"，并对其落实情况高度关注，前后五年间国家层面相继出台了三个文件来对"每天锻炼1小时"的实施予以强化和落实。文件的频繁出台也从侧面验证了当前高校体育学生在体育锻炼运动的现状。第一，在普通高校中，德育和智育始终是居于育人目标中的首位，占据了学生大部分时间和精力，而体育多被认为是个人的事情，学生身体健康与否并不处于学校育人效果的评价标准之中，对高校构不成较强的约束力，也就必然会出现学校不重视公共体育教学课程的现象。第二，高校公共体育课程通常被认为是一种任务型的教学，只要完成规定课时就可以，至于学生最终在教学中是否获得了系统的健康教育知识和科学的体育运动技能并不在其考虑范围之内，即只要达到最低的结课条件就行，且在条件设定过程中，教师为了照顾到绝大多数学生可能达到的标准，往往偏向程序化和简单化的教学方法，从而又会进一步导致学生对体育锻炼行动的不重视。第三，大学生活是相对自由和开放的，大学生在经历了枯燥乏味的高中生活之后，追切地想在大学中过上较为丰富多彩的生活，换言之，其对体育锻炼行动是有一定的向往和期待，但大学生在基础教育阶段并没

---

[1] 郭伟. 与全民健身运动接轨，深化高校体育改革[J]. 武汉体育学院学报，2001(2)：15-16.

有形成良好的体育锻炼习惯,也较少具备直接进行体育竞赛和训练的知识技能,所以其在进入大学后由于缺乏指导并不知如何开展相关的体育锻炼,再加上其他课余生活的诱惑使其产生"破罐子破摔"的心理,难以自觉产生相应的体育锻炼行动。

4.2.2 全社会"内卷"背景下健康教育意识淡薄

从应然层面看,正确的健康意识有利于支配个体作出相应维护健康的行动,保护其身心健康,提高生活质量。然而,从全社会健康意识的实然状况看,全社会不同主体的健康意识都较为薄弱。"先求有,再求好",以牺牲身体健康为代价,挣得自己想要的东西后,再去寻求健康。这种意识的盛行,势必对高校公共体育教学产生影响。再加上我国高等教育大众化进程不断加快,高校在办学规模、办学质量等方面展开了激烈竞争,纷纷开启了加快推动学科发展的模式。在"高校竞争"日趋白热化的形式下,高校公共体育教学也必然受到一定冲击。

1. 全社会"内卷"下高校管理者健康教育意识淡薄

学校体育管理者作为高校体育发展的经营者和掌舵人,其对健康教育意识的认知会影响高校公共体育教学的长远发展。在争"双一流""学科评估积极冲 A"等目标的导向下,高校管理者健康教育意识淡漠主要体现在以下方面:一是存在"重智育轻体育"的思想,忽视高校公共体育教学。部分高校管理者认为体育就是"跑跑步、跳跳操、比比赛",对体育的认识还停留在"生物体育观",即把注意力集中在体育对人的生物性效果上,注重体育锻炼对人的机体能力和身体结构上的改变。在这一理念的引导下,部分高校管理者往往对体育教学持无足轻重的态度。如前所述,在健康中国战略上升为国家战略多年以后,部分高校尚未将健康中国战略要求纳入高校体育规划,甚至还有部分高校管理者表示高校公共体育教学无足轻重,只要能够确保体质健康测试达标就行。二是重"体育竞赛成绩"轻"常规教学发展"。受全国大规模学科评估的影响,高校之间为了确保自身在学科评估过程中能够获得较好成绩,往往采取重视"少数尖子体育生",轻视"全体学生"的局面。高校管理者为了保证自身所在高校在体育竞赛中取得较好的成绩，增加自身在学科评估中的筹码，往往将优势教学资源向个别学生倾斜，间接导致教师也将主要精力集中投入尖子生身上，从而在一定程度上忽略对公共体育教学质量的有效提升。三是对公共体育教学设备设施等硬件条件和环境建设投入仍然重视度不够。高校公共体育教学是一门应用性极强的学科，需要良好的体育教学设备设施作支撑。然而，在高校竞争的大背景下，在资金有限和"好钢要用在刀刃上"之类理念的影响下，高校管理者往往会压缩"投入大、见效慢""费力不讨好""难以用测量实际收益"的体育教学设备设施的投入，转投于其他见效快、收益高、反响好的学科的发展上。

2. 全社会"内卷"下教师健康教育意识淡薄

高校教师是制约普通高校公共体育教学质量提升的核心力量和主体，其对健康中国战略和"高校公共体育教学"功能价值的认识会直接影响其在教学过程中的投入。受高校学科评估竞争的影响和"唯论文、唯文凭、唯帽子、唯课题、唯获奖"等传统功利性评价的引导，体育教师对于健康教育的认识存在着一定偏差。第一，高校公共体育教师对健康中国战略的认知程度不够，无法将健康中国战略与具体的公共体育教学目标进行充分融合和有效衔接。如前所述，当前高校教师对健康中国战略的了解和认知不够，绝大部分教师缺乏主动了解和学习国家战略的意识，不太了解健康中国战略的具体内容和目标，导致具体的课程教学中既无法对照"健康中国战略"要求严格开展体育教学工作，也不能发挥教育宣传作用，更没有有效传播健康理念。第二，受"五唯"评价指标的导向作用，高校公共体育教师"重科研轻教学"现象严重。在高校竞争的大背景下，部分学校管理者将自身和世界一流大学的差距归结为科研水平低、师资差。部分高校公共体育教师认为"与教学相比，科研明显是一条捷径，能使自己迅速地名利双收"。于是，部分高校公共体育教师热衷于争课题、搞立项、写论文、出成果，对于高校公共体育教学则采取"应付了事"的态度，表示只要能够"完成规定的教学工作量"就行。在这样的大背景下，高校公共体育教师很难静下心来真正提高自身所带课程的教学质量。

3. 全社会"内卷"下家长健康教育意识淡薄

在高校竞争的背景下，高校对生源的竞争使得学生进入好大学的难度日益加大，而家长对学生"考一所好大学、找一份好工作"的关注度远远高于对学生健康的关注度。具体来说，高校竞争下家长健康教育意识淡薄主要表现为以下几点：第一，家长们普遍存在"唯分数论"的认知倾向，从而忽略了本该值得关注的学生健康。家长只对子女小升初、初升高、高考、就业的关注，学生已稳稳地被"围困"在框定的空间之中。对于家长而言，更关注"应试""升学""公考"等短期目标，在单向的"死胡同"中你追我赶，在"唯分数论"的指挥棒下疲于奔命，往往忽略了体育健康这一最基础、最基本的价值作用。第二，家长聚焦专业课程的应试价值，忽略了体育课程的健康价值。现如今有许多家长更多的是将教育视为资本积累和阶级流动的工具，其持续地投入相应的人力、物力和财力资源，目的就是希望孩子能够改变自身和家庭的命运。他们节衣缩食为下一代教育投资积累资本，自身健康教育意识淡薄，没有给学生树立"终身运动"的良好榜样，只知道加倍付出，将全部精力聚焦于学生的专业学习。毋庸置疑，家长如果过分重视子女的专业课程成绩，对与子女考研升学、求职就业无关的体育锻炼活动很少过问，必然也会影响学生在校期间的体育健康课程学习与体育活动锻炼表现。事实上，家长对子女体育锻炼意识、知识、能力等方面的漠视，使得学生对高校体育课程的价值与功能产生误解，甚至认为体育课程学习就是"混学分"，缺乏"终身锻炼"的意识。

4.2.3 高水平体育师资力量薄弱

教师是引导学生参与教学活动的纽带，是教育教学质量提升的核心。健康中国战略下高校公共体育教学目标的转变、教学内容的更新、教学方法的创新，以及教学评价的优化均需要高水平、专业化的师资力量作为支撑。而当前陕西省普通高校之所以会在上述过程中出现诸多问题，关键原因在于高水平体育师资数量缺乏和结构失衡、教师专业化综合素质欠缺、教师培训质量提升不够和支持服务体系仍然不完善等。

1. 高校公共体育教师数量和规模难以满足教学需要

当前，绝大多数普通高校都面临着公共体育师资力量不足的状况。尽管党的十八大以来，国家高度重视学校体育工作，不断增加对高校体育人力、物力和财力等硬件资源的投入水平，但总体而言，具有较高专业素质和技能的高质量师资数量仍然匮乏，并严重制约着普通高效公共体育教学改革的进程。尤其是对于那些位于中西部偏远地区的普通高校来说，这一问题尤为明显。根据《学校体育工作条例》的要求，普通高等学校中本科生120人至150人需要配备一名体育教师。然而根据对陕西省部分高校公共体育教师配置情况调查数据可知（表4-2），仅有不到10所高校的体育师资力量配置达到要求。其中XY大学理论上缺少的教师人数最多，达到了98人，其次是JP高校，理论上缺少90名体育教师。可想而知，在普通本科院校和高职高专类院校中，高水平体育教师数量则更为短缺，且部分高校公共体育教师与学生的比例不足国家要求的50%，根本无法满足健康中国战略对高校公共体育教学改革的师资力量要求。

表4-2 陕西省部分高校公共体育教师配置情况调查表

学校	全日制本科生人数	体育专任教师人数	师生比	国家要求师生比	理论上缺少教师数
XY高校	26768	80	1:334	1:150	98
DT高校	16545	53	1:312		57
JP高校	18792	35	1:537		90
AQ高校	13422	25	1:537		64

教育部规定高校公共体育课堂人数单次不能超过35人，但在陕西省部分普通高校中，这一标准大多数学校都达不到，即绝大部分学校的课堂人数均处于40人到50人之间，甚至超过50人，远远高于教育部的相关规定。与此同时，陕西省部分普通高校公共体育教师的学期课时总量也达不到每学期144学时的国家规定。其中较为明显的是，DT大学2010年的体育部专任教师数量为48人，到了10年之后的2020年，教师数量仅仅增加到53人，师资规模并没有发生较大变化。但是，DT大学的在校生人数则在10年间增加了将近

1倍，这导致当前公共体育课程的教师队伍存在数量少和工作负担重的现象，不仅在一定程度上影响了日常教学工作，而且严重制约了体育教学改革创新和质量提升。

"过去我们上体育课，每个教师班里的学生数量在20～35人之间，教学气氛好，学生和教师之间互动频繁，教师也能做到一对一的指导和技术动作纠正，后来大学扩招，班里的学生慢慢就多了。其一，上课教学效果就不好了，师生互动减少，学生学习的积极性下降。其二，我们每年都要搞的体质测试也受到影响。为什么呢？教师课上原先计划的内容，因为学生人数增多，教学效果下降，教学进度就被拖慢，体育的学习和其他学科不一样，是环环相扣的，一个动作没有掌握很难进入到下一个动作的学习。再加上要进行体质测试，本就不多的课时明显被严重挤占，留给学生实际进行体育常规课堂教学的学时就更少了。"（F1-20210306）

2. 高水平体育师资队伍结构明显失衡

体育教师结构主要是由教师年龄、性别、学历、职称等组成。

第一，陕西省普通高校公共体育教师年龄整体差距较大，尽管相对其他学科教师而言，体育教师的整体年龄结构呈现年轻化的趋势特点，但50岁以上的教师数量占比达到五分之一。诚然，老教师在教学过程中拥有较为丰富的教学经验，但他们的教学理念相对较为固化，难以根据国家体育健康教育的发展变化及时调整教学内容，也难以利用信息化、数字化教学设备创新课堂教学模式，更难以满足学生的差异化需求和个性化培养要求。相比之下，年轻教师的运动技能较强，掌握知识、观念新颖，对新事物的理解掌握较快，是落实健康教育理念的主力军，但欠缺工作能力与经验，难以有效规范学生的课堂行为。

第二，拥有博士学历的教师数量严重匮乏。具有研究生学历，尤其是获得博士学位的教师是一所高校开展体育教学改革和科研创新的必要条件和中坚力量。但从调研的结果来看，在陕西省普通高校公共体育教师队伍中，研究生学历教师所占比例相对较低，尤其是拥有博士学位的教师数量极少，不足10%，远低于文理工商农医法等学科。体育师资队伍里缺乏高学历人才，也给我国高校体育学科的发展带来严重的制约，在普通本科和高职院校中，研究生学历的教师占比长期处于较低状态。如在对某校进行调研的过程中发现，其体育学院已经有近10年没有招聘具有高学历的青年教师了。其背后的原因：一是从全国范围来看，具有培养体育学博士专业的高校较少，这是学校高学历人才短缺的客观原因；二是具有研究生学历的高水平人才一般都倾向于到名校就职，导致普通本科院校和高职院校要想引入高学历人才普遍较难。

"国家现在倡导'体教融合'，其中一个方面就是提倡聘用优秀的竞技退役运动员担任学校体育教师。这也是我们近几年进人的一个重要参考标准，另外，招聘教师是一个双向选择的过程，我们想要引进高学历、高水平的教师，人家也要看我们是否能够为他们的能力提供发挥的平台。打个比方，我们去年引进了一位博士研究生，科研能力强，在业界小有知名度，但是来了半年不到就走了，原因有两点：一是别的学校提供了更好的条件、更优厚的待遇、更好发展前景的平台，这些条件是我们这种普通本科学校无法提供的。二是制度原因，我们学校要求体育教师必须上公体课，你叫我上公体课，我就没有时间做科研，术业应该有专攻，最后人才就流失掉了。"（M5-20200314）

第三，体育教师职称结构不合理。体育教师职称结构既是整个师资队伍知识水平的体现，又是判断教师个体教学能力的标准之一。陕西省普通高校公共体育教师中副教授的比例高于讲师，而教授的比例最低，这说明出现了中间大、两端小的"梭型"结构，教师职称集中在副教授岗位，学科带头人紧缺，骨干教师队伍新老交替形势严峻，提高教师队伍整体素质实力乃当务之急。同时，有较少部分的体育教师本科并不是念的体育类专业，而是跨专业考取体育类专业的研究生，其专业技能掌握并不扎实，这使其在开展教学改革过程中的难度较大。

3. 体育教师对政策的认知与专业化素养有待提高

高校公共体育教师的专业化素养是制约其进行教育教学改革的核心所在。陕西省普通高校公共体育教师在对健康中国政策的认知上，在教学思想、教学方法以及体育科研能力等方面仍然存在短板。

首先，有许多教师缺乏对健康中国政策的见解，没有把《"健康中国2030"规划纲要》列入自己的教学计划中，更不用说以此来更新自己的教育理念和教学手段。具体来看，高校公共体育教学更多是将国家政策要求机械地与当前的教学实践相嫁接，并没有深刻理解国家政策中所蕴含的健康教育理念，更没有将其融入到体育教学的全过程中。部分教师甚至都不知道如何对普通高校公共体育教学进行改革，或者盲目地照抄照搬别人的行为经验，或者打着改革的旗子依旧按照以往的教学内容和方式进行，从而使得教学改革效果大打折扣。

其次，在普通高校中仍然存在相当数量的体育教师不能很好理解健康中国的政策理念，即教学的目的就是让学生掌握熟练的体育动作技巧，并提高学生的身体素质，而忽略了对学生健康运动习惯的养成和科学锻炼方式的培养，以及终身体育思想的树立等方面。这就导致很多体育教师在专业课程教学改革过程中，一是没有真正明确育人的价值定位和发展方向，对课程内容也是换汤不换药，没能紧跟国家的时代要求和学生的社会需求；二是在教学模式和方法上，过于注重自己在课堂上的主体地位，强调课堂教学的规范性、程序性和技术性，忽视了体育教学的长期性、有趣性和潜在性，没有很好地回应学生的兴趣爱好以及对体育运动的表现力和对新鲜事物的追求，导致学生难以在课堂教学过程中实现身心健康全面发展；三是在教学和科研能力提升上，鉴于体育学科在高校中的弱势地位，体育课程和教师也通常不会受到较高的重视，这就导致体育教师在日常教学中缺乏进行教学创新的动力，往往得过且过，只要能够满足学校基本课时要求就行，至于最终的教学效果则关注不多，更别提对教学方式的研究与创新了。①

最后，公共体育教师所具备的教学方法和手段难以满足教学改革的更新需要。高校公共体育教学大多在室外运动场地进行，且硬件设施设备更新换代频率较低，使得体育教师在日常教学过程中并不注重对教学技术的提升，对现代教学手段的运用不多，没有紧跟时代发展步伐。那些要以大数据、互联网、人工智能、物联网等现代信息技术为支撑的教学方法和手段，不仅需要教师花费时间精力去了解和熟悉技术本身是怎么一回事儿，而且需要把大部分力气花在现代信息技术与教学内容方式的结合上，这就导致体育教师容易产生畏难情绪，索性躺平而不去在教学改革中钻研方式方法的革新。

4.2.4 体育教学经费投入不足导致保障条件欠缺

除高水平师资队伍外，高校公共体育教学质量的提高也离不开经费和体育设施以及器材用具的有效投入。充足的经费投入既是普通高校公共体育管理工作有效开展的物质前提，也是保障学校公共体育教学改革的重要条件。学校体育设施与器材是辅助体育教学的重要工具，也是使学生能够养成健康的体育锻炼习惯和健康生活方式的物质保障。除上述高水平专业化师资队伍的不足外，经费和硬件保障条件欠缺的掣肘也是导致健康中国战略下高校公共体育教学不足的重要成因。

1. 经费投入的不足导致高校公共体育教学改革困难

加大学校体育经费投入是保障学校体育教育顺利进行的基础。经济基础决定上层建筑，高校公共体育教学活动开展所需要的资源因素包括多个方面，但无疑资金投入是极为重要的一个。根据国家相关规定，政府和学校必须要采取必要举措充分保障对体育教学的经费投入，不仅要将其作为专项经费纳入到年度计划中，更要做到与教育经费总投入同步增长。然而，在对陕西省普通高校公共体育教学状况进行调研后发现，其整体经费投入不仅在教育总经费中所占比例低于国家平均水平，难以维持日常公共体育教学活动，而且学校内部经费分配也更为倾向于其他学科，体育经费投入受到极大的压缩和挤占，这就导致巧妇难为无米之炊，体育教学改革在实践中推进困难重重。在高校体育教学中，专业教师的教学技巧发挥、运动器材的支撑、锻炼效果的保障都需要充足的经费投入为基础。但高校在体育教学的资金保障上面临着极大困难，在经费政策的支持上也缺少有力抓手。据《陕西省教育事业发展统计公报》数据显示，从2015年到2020年6年间，陕西省普通高校本科在校学生数量由109.97万人增至121万人，整体呈持续上升趋势，但与此相应的生均体育经费投入却由37.55元降至30.61元，体育经费与教育经费比例也由0.43%减到0.37%，呈现出不

---

① 栗元辉. 健康中国战略视角下高校公共体育教学发展研究[J]. 教育理论与实践，2017，37（18）：60-61.

断降低的趋势。从调查结果来看，陕西省普通高校生均体育教育经费投入情况如表4-3所示。

表4-3 陕西省普通高校生均体育教育经费投入情况（总人数N=207）

投入金额	10元以下	10~20元	>20~30元	>30~50元	50元以上
人数	18	36	101	43	9
占总人数百分比	8.70%	17.39%	48.79%	20.77%	4.35%

从上表可以看出，调查教师群体中认为生均体育教育经费投入不足10元的有18人，占总人数的8.70%；认为高于10元而不足20元的有36人，占总人数的17.39%；认为高于20元而不足30元的则高达101人，占总人数的48.79%；认为高于30元却不足50元的共有43人，占到总人数的20.77%；而认为超过50元的教师共有9人，占到总人数的4.35%。由此可以进一步看出，高校体育教师认为实际经费投入达到国家标准的不足四分之一，难以满足实际高校公共体育教学工作的有效开展，正如某高校体育部门人员所言：

"我们学校的公共体育经费收支非常不平衡，投入少开支大，想干个什么工作都难，更别说教学改革了，那是难上加难。教师本来就工资少，工作量大，若开展大的体育运动项目，则严重缺乏资金，正常教学都难以进行，课外活动的设施少得可怜，活动项目单一……尽管教师学生都想要干些事情，提高教学效果，但是没钱也没办法。经费的不足已经严重影响了我们体育教学活动的有效开展。"（J-20200705）

从访谈中发现，陕西省绝大部分高校的教育经费主要依靠专项拨款。体育经费投入多少依靠各学校自己计划分配，这就直接导致了陕西省普通高校体育经费分布不均的窘境出现。

2. 硬件设施条件的不足限制了高校公共体育教学活动创新

高校体育教学硬件主要包括运动场地、场馆、体育器材、检测和操作仪器，以及其他必要的设施设备，这是保障公共体育教学顺利进行的基础性条件。《"健康中国2030"规划纲要》明确指出："到2030年，学校体育场地设施与器材配置要依照《普通高等学校体育场馆设施、器材配备目录》的建设要求，达标率达到100%。"但在调研中发现，陕西省普通高校的体育运动场地面积和体育器材、设施等较为缺乏，难以支撑教学改革的深入开展与创新。20世纪初以来，全面普通高校持续扩招，而陕西省作为高教大省同样也不能例外，面对在校生数量的急剧增长，与之相配套的体育运动场地却由于多种原因难以拥有相适应的扩大，这就导致大部分学校的生均体育运动场地资源占有率不断下降。再加上以往的体育器材持续耗损，学校缺乏资金进行维修和更换。与此同时，伴随着社会的发展，当代大学生对体育锻炼的趣味性和多样性追求日益增加，都希望学校能够增加一些具有较高趣味性的体育运动项目和器材设备，由此形成了当前供需失衡的状况。在对陕西省教师的访谈中发现，61.90%的教师表示当前校内体育场地设施不能满足教师与学生的体育教学运动需求。体育场地设施的管理运行机制不健全也严重影响高校公共体育教学与运动的开展。从调研中可以发现，陕西省普通高校体育设施设备的现代化水平较低，尤其是在信息化应用和运行管理过程中，不注重转变传统的组织管理理念，没有建立系统的、规范的场地设施运营，体育规章制度建设不完善，同时教学管理人员和体育管理部门之间的沟通协调也不畅通，造成器材耗损比较严重，不仅难以保障日常的教学需求，更留下了较大的安全隐患。正如访谈中一位教师表示：

"体育场地设施供给不足其实只是一个方面。我觉得另外一个重要的原因是现行体育场地设施的管理与运营也存在问题。以我上的球类课程为例，经常出现上课学生借球占用大量时间的现象。"（G1-20200308）

上述现象的长期存在，势必会大大阻碍高校公共体育教学改革的进程，不仅难以满足大学生对多样化、趣味化、信息化的体育运动项目和设施设备的需要，降低学生参与体育教学的主动性和有效性，而且会严重干扰公共体育教学过程，让其难以根据健康中国政策要求，利用现代信息技术手段创新体育教学模式，甚至会使体育管理部门陷入较为混乱的工作状态，同时容易在一定程度上造成学校公共体育器材的较大耗损，使得本来就不甚富裕的硬件资源环境进一步恶化。

第 5 章 健康中国战略下普通高校公共体育教学改革的理性思考

如前所述，当前高校公共体育教学改革的整体状况与健康中国战略所提出的应然要求之间仍存有一定的差距。由于受到各种主客观条件的限制，目前健康中国战略要求下的高校公共体育教学改革要想获得长足发展还需要克服种种困难。面对差距及背后的成因，需围绕重点抓主要矛盾，从教学理念、教学内容、教学方法和教学保障等方面出发，采取措施来取长补短，由此推动健康中国战略背景下的高校公共体育教学改革从"实然"向"应然"转变。

5.1 端正理念，厘定科学的公共体育教学目标

高等院校是为国家和地方培养高素质人才的重要阵地，按照健康教育理念正确地树立公共体育教学目标，是有效促进高校体育教学改革、推进学生身心健康全面发展、培养学生个性化需求和提升创造能力的前提、基础和方向。

5.1.1 深化"健康第一"的现代体育教学理念

树立"健康第一"的体育教学理念，既是新时代背景下国家对高校体育教学和人才培养提出的新要求，又是健康中国战略在高校体育教学中落实健康教育理念的必然选择，更是促进学生身心健康全面发展的客观需求。

1. 明确新时期健康教育理念对高校公共体育教学的要求

健康教育理念由来已久，2002年《全国普通高等学校体育课程教学指导纲要》中就从健身性和文化性层面提出要把"健康第一"的指导思想作为确定课程内容的基本出发点。2017年，《普通高等学校健康教育指导纲要》发布，其真正将健康教育理念落实到国家政策的具体要求上，从而成为各高校将"健康第一"理念纳入体育教学工作的指导性文件。首先，要充分认识健康教育与立德树人之间的相互促进关系，高度重视健康教育理念在培育和践行社会主义核心价值观、推进素质教育深入实施、促进学生德智体美劳全面发展中的关键作用，并要从这个高度来理解"健康第一"理念在高校体育教学中的应用和贯彻。其次，在高校体育教学中落实健康教育理念，核心是要帮助学生树立健康的体育意识，摒弃以往单纯将体育视为身体运动技巧重复训练的狭隘观点，要真正让学生能够通过体育教学掌握系统科学的健康知识和技能，并形成健康的生活方式。最后，健康教育理念还要求高校教师在开展体育教学活动时，要有组织、有计划、有目的地培养学生维护全民健康的社会责任感，不仅让学生自身养成良好的健康习惯，还要引导他们在身边进行相关的推广，用自己的言行带动他人，并且具备跟危害民众健康行为作斗争的意识。

2. 切实将健康教育理念融入高校体育教学改革目标

要深化"健康第一"的现代体育教学理念，就必须将这一理念真正融入到高校公共体育教学改革的总体目标和具体目标之中。第一，将"享受乐趣、增强体质、健全人格、锤炼意志"真正写进学校体育教学的改革规划文件中，并以此为遵循来开展学校公共体育教学改革的各项工作，从而将"健康第一"教育理念放到学校体育工作的第一位。第二，要将健康教育理念具化成各项具有可行性和可操作性的评价指标，从而纳入到高校体育教学改革综合评价体系中。将评价结果与高校经费划拨和资格认证相挂钩，进而真正引起学校领导者的高度重视。此外，还需提高健康教育指标在学校教学评估、科学评估和合格评估中的指标权重。第三，《"健康中国2030"规划纲要》明确提出要让青少年能够普遍掌握1项以上体育运动技能，体质健康标准的达标优秀率高于25%。各大高校不仅要采取有效措施落实这一要求，更要在落实过程中践行"健康第一"

的体育教学理念,也就是说,既要重视结果,又要关注实现这一结果的过程是否符合健康教育理念的要求,只有这样才能真正将其落到实处。第四,由于不同区域、不同类型、不同层次的高校具有各自的特殊情况,其在落实国家健康教育政策理念要求时,不能照搬照抄或生搬硬套,而是要真正结合自身的实际情况和学生需求,因校制宜地制订健康教育教学计划,有针对性地设置能够达到的发展目标,务必要防止不切实际的做法和形式主义。如在坚持推行国家体育课程教学五大领域目标的基础上,可以有重点地对其中各个目标的发展权重进行调整,形成具有自身特色的体育教学发展目标。

5.1.2 恪守"以生为本"的高校体育教学原则

在健康中国战略下对高校公共体育教学进行改革,恪守"以生为本"的原则是保障体育教学效果的核心和关键所在。学生是教学的主体,在体育教学活动中更是如此,只有充分尊重学生的主体性地位、激发学生参与体育运动的积极性和主动性、帮助学生养成健康的体育锻炼方式,才能够真正保证体育教学改革的效果。

1. 尊重学生的主体性地位并提高教学目标与学生需求的契合度

高校公共体育教学目标能否真正与学生的体育运动需求相契合,是决定体育教学改革成败的重要因素。其一,要求高校在设计公共体育教学目标时,充分发扬民主精神,有效听取学生关于学校公共体育课程设计和教学方法选择的意见,并积极征集学生对公共体育课堂教学和课外活动的真正需求,进而在综合多重因素的基础上将具有建设性的意见纳入到教学目标规划文本中。其二,公共体育教学在实际教学设计过程中,要减少过多的从"教"的视角出发来确定的体育教学目标和任务,如只愿意教那些方便的、容易的教学内容,放弃有难度的教学内容。要更多地从学生"学"的视角出发,要在制订教学计划之前,充分了解和掌握学生的身体素质、知识结构、运动能力和进一步提升的需求,尽可能地根据学生整体状况生成教学目标,并在实施过程中实时观测具体情况,随之进行灵活调整。

2. 教学目标设置要充分激发学生参与体育运动的积极性和主动性

创造有利条件激发学生参与体育运动的主动性和积极性，既是高校公共体育教学改革所要实现的预期目标之一，又是设置公共体育课程具体的教学目标时要遵循的重要原则。任何身体运动都只有基于强烈的兴趣爱好才能开展，相应地，如果仅仅通过考勤、学分、惩罚等方式来迫使学生进行某种运动项目，那么不仅不能达到健康教育的预期目标，而且会严重损害学生参与体育活动的积极性。首先，教师在教学目标设置的过程中就要提前考虑通过什么样的内容方法能够吸引学生自觉地进行体育运动，如注重学生在体育教学中的过程性行为，将发展性评价和满意度评价作为评判教学目标是否达成的重要形式。其次，学生的体育运动兴趣在一定程度上源于成就感，这就需要教师根据不同学生的实际分类制定阶段性小目标，使其能够通过一定的努力切身感受到真正的运动效果。还要在日常生活上做文章，引导学生将体育教学内容融入到课外体育活动中。最后，教师要鼓励学生开展公共体育教学的创新项目，通过理论和实践研究加深其对体育健康知识和技能的理解和掌握。

3. 要将促进学生身心全面发展作为设定教学目标的根本性遵循

促进高校学生身体素质和心理素养的全面发展，应该作为学校和教师设置公共体育教学目标要遵循的根本性原则，并贯彻目标实施的全过程。一方面，教师在正式开展公共体育教学活动之前，要对班级学生的身体素质状况有一个整体把握，并详细了解个别学生在体育运动中的特别禁忌，然后依据大多数学生的体质素养进行教学计划的设定。要充分避免学生在体育运动中由身体原因产生各种机能受损，并且要有针对性地对学生进行运动损伤的应急处理训练，从而使学生在养成健康体育运动习惯的同时，能科学制订适合自身状况的锻炼计划。另一方面，教师也要将提高学生的心理健康水平列入教学目标中，使其能够合理利用身体运动缓解心理压力和负面情绪，并养成遵规守纪、精诚合作、公平竞争、积极上进的体育运动精神。①

---

① 马昆，王景星，吴戈，等. 健康中国战略背景下健康教育融入学校体育教学改革的对策[J]. 河北北方学院学报（社会科学版），2021，37（2）：74-76.

5.1.3 形成"终身体育"的课程教学培养目标

让学生形成"终身体育"意识,拥有相应的能力是体育课程教学的真正目标。要想实现这一目标,就必须充分利用好高校公共体育课堂这个传授和习得体育运动知识和技能的主阵地,并通过课堂教学和课外活动的一体化,使学生在潜移默化中养成健康的体育锻炼习惯,并且要在教学评价中高度重视学生对课程教学的主观感受,并对其进行长期的追踪研究。

1. 充分利用好体育课堂这一传授体育运动知识和技能的主阵地

健康中国战略下的高校公共体育教学目标,应该将体育与健康相结合,要更加注重培养学生的"终身体育"意识。但是意识的培养不是短期的和临时的,而是系统的和长远的,因此高校和教师要充分利用公共体育课堂教学这一培养学生"终身体育"意识的主阵地。一方面,将"终身体育"作为高校公共体育教学目标的应然要求和基本定位,树立"终身体育"理念,形成良好终身锻炼习惯,对养成终身运动的生活方式应在教学目标中予以明确。另一方面,理念的树立、习惯的形成和生活方式的养成都需要依托于特定的载体和渠道——课堂教学,而课堂教学作为直接对学生进行体育培养的主阵地,需要教师有效地将"终身体育"理念融入到教学的各个环节和全部过程,这样才能达到较好的育人效果。

2. 高度重视课外体育活动在运动习惯养成中的作用发挥

课外体育活动是养成健康的、长期的、稳固的体育运动习惯的重要途径和渠道。一方面,高校公共体育教师要充分发挥自身的社会服务职能,充分扩展自身在学校体育类学生社团、校外体育运动场馆、区域性体育运动竞赛中的影响力,有效利用多样化的校内外体育运动资源来培养学生的终身体育锻炼习惯。另一方面,高校公共体育也可以为区域性甚至全国性体育竞赛的人才培养提供后备力量,有条件的学校还可以成为高水平竞技体育的训练基地,只有将社会体育、竞技体育与学校体育有机结合和协调发展,才能真正让学生重视体育、爱上体育,从而发自内心地想去进行体育锻炼。

3. 增强学生对体育教学的满意度评价和长期追踪评价

在健康中国战略目标的要求下,落实"终身体育"需要高校管理者、教师、学生、社会等共同努力，改变以往的重视技能锻炼和成绩考核的体育教学评价模式，将体育运动的目标向增强体质和完善身心转变，并将培养"终身体育"意识落实到日常教学过程中。一方面，要弱化以往僵化的、程式化的课堂教学考核指标。教师不仅要在教学开始前对学生的耐力、力量、速度、精神状态等身心素质进行测评，更要在教学结束后，增加学生对教师教学内容满意度和目标达成度的评价环节，要将学生是否在教学中获得了充分的满足感、愉悦感，是否在体育运动中提高了自信心和胆量，是否在体育教学中增强了对自我的充分了解等，作为评价的重要参考内容。另一方面，要引导学生对阶段性体育运动效果进行总结和自我评价，并通过不断反思和调整，明确自身存在的优点和不足。这有利于学生养成终身体育的意识，让学生能够把控运动风险，掌握运动损伤的预防与处理措施，从而使其能够在步入社会后依然可以通过体育运动来增强体质，减少缺乏锻炼导致疾病发生的可能。[①]

5.2 深化改革，丰富和完善公共体育教学内容

健康中国战略下的普通高校公共体育教学改革，要求以培养学生能够掌握一门以上的运动技能、养成对体育锻炼的浓厚兴趣爱好，以及培养"终身体育"意识为目标。循此出发，公共体育教学内容的选择不仅要满足学生自我发展的需要，而且要使学生能够在体育运动中充分发挥其自身价值，并在步入社会后形成"终身体育"习惯和生活方式。

5.2.1 重视高校体育教材的合理选用与创新

各高校要高度重视对其他学校公共体育教材的选用和对本校自编出版教材的内容开发，根据新时代学生的身体素养和心理状况，有针对地提高教材内容

---

① 彭贻海，刘聪. 健康中国背景下高校公共体育教学改革研究［J］. 高教学刊，2020（17）：140-142.

的适切性。

1. 根据高校实际状况选用具有较高适切性的公共体育教材

高校不同，教师和学生的情况自然也有差异。例如，不同地区的文化氛围、经济发展状况各有千秋，不同学校的师资队伍水平、学生身心发展条件千差万别。这就需要在教材的内容开发和选择创新上，根据自身状况开设相应的具有个性化、特色化的体育课程项目。第一，地方行政部门可以组织相关专家学者，依据国家《体育与健康课程标准》和地区文化传统特色，循序渐进地编撰出适用于本地区的特色公共体育教材，并相应地按照标准配备体育场地和器材，以建立具有地方特色的体育教学内容体系。第二，地方高校可以结合本地区的乡土、民族、地域特色，多开展一些具有本土特色和优势的体育运动项目，从而扩大学生自主选择体育课程内容的范围，并对地方教材进行二次开发。这样既符合体育教学自身的发展定位和学校特色，又能够满足学生对体育教学内容的多样化、个性化需求。第三，体育教师在选用教材时，要根据自身知识结构和实际教学安排，综合选用具有较高适切性的公共体育教材，既不能迷信权威，也不能故步自封，而要以真正取得较好教学效果为标准和导向。

2. 增强高校公共体育教材的科学性和趣味性

在健康中国战略下对高校公共体育教材进行创新，要充分适应社会发展的时代性和学生的身心发展特点，改革陈旧烦琐、内容重复的体育教材，提高公共体育教材的科学性、知识性、趣味性和新颖性，以增强学生对体育运动的兴趣、促进学生身心健康全面发展为重要参照标准。其一，要增强高校公共体育教材的科学性。充分尊重体育运动知识技能的习得规律和学生身心健康的发展规律，不仅要将有关身体锻炼的知识和方法、运动的生理性原理和健康效益等知识，按照编排逻辑和严密实施规划纳入到教材内容中，适应体育运动和健康教育的融合发展倾向，还要配置能够实现相应内容的具体运动项目，以及需要准备的场地器材和可能出现的意外状况与防范措施。其二，要重视公共体育教材的趣味性。在教学项目的选择上要减少技术性运动项目的数量，多增加一些激发学生体育乐趣的项目，改变单调枯燥的体育教学方式，增强课堂教学的多样化和有趣性，并且可以根据学生需求，开设一些当前社会较为流行的体育运动项目,通过互联网和移动平台满足学生的个性化、多元化的体育锻炼需求。

3. 要加强体育健康理论知识在课程内容中的渗透

根据《"健康中国2030"规划纲要》的要求,将健康教育理念与运动生理学、保健学、养生学,以及体育运动欣赏等多种学科知识相结合,使学生能够在获得各种体育运动知识的同时,领悟到参加体育运动对身体各个系统的健康价值,达到课程育人的效果。其一,要依据课程内容形成规律渗透健康教育知识。高校公共体育课程的授课对象是来自不同专业、地域、文化背景下的大学生,所以在编写教材时既要将学校体育课程要求的运动参与、运动技能、身体健康、心理健康和社会适应能力五大目标融入到教材内容中,还要为具有不同需求和特长的学生提供个性化服务,满足他们在体育运动中的健康教育需求。其二,要依据实用性的原则设置体育课程项目。这就要求高校体育教师不仅要加强对体育教学实用性的考量,而且要根据实际情况多安排一些不受空间、时间、器材等客观条件限制,又能被大多数人接受的内容,体现学生自主选择学习的意愿。

5.2.2 注重课堂教学与课外活动的一体化融合

在高校公共体育教学中,尽管课堂教学是主渠道,但要有效提高健康教育的实施效果,需要注重发挥课外体育活动的引导功能。简言之,就是将地域特点、场地条件及学生兴趣等与健康教育相结合,积极开展丰富多彩的课外体育活动,让学生在参加课外体育活动的同时提高对体育与健康的认识和体验。

1. 采用多种方式展开课外体育活动项目

课外体育活动是体育课堂教学的延伸与补充,被称为"第二课堂",与体育课共同构成了学校体育的整体,相互配合共同实现学校体育的目标。因此,普通高校要实现健康教育目标,就必须采取多种方式开展丰富多样的课外体育运动项目。例如,大力宣传课外体育文化,举办健康知识讲座及群体竞赛活动;发挥体育领域的专家学者和体育明星的示范、引领作用,可以邀请他们为新生开设以健康教育为主题的"大学体育第一课",可以定期邀请体育专家学者开办体育健康教育讲座,还可以组织专门弘扬体育精神的"体育明星进校园"活动;

利用现代网络技术开设宣传平台，传播体育文化与体育精神，举办线上技能展示与体能挑战赛等健身活动，推送体育运动技巧、专业技能提升、身体素养提高、运动健康促进、体育人文素养等方面的内容，使学生在课内课外、线上线下的体育学习中感受正能量引导和激励，以体育涵养品格、以运动提升素养，树立良好的世界观、人生观、价值观等等。

2. 建立健全课外体育活动的管理评价机制

课外体育活动虽是课堂教学的延伸，但也应当在教师的指导下、学校的管理中，有序、系统地开展，从而保证课外活动的实效性。一方面，要扩展和深化学生所喜欢的体育运动项目，增强在课外运动中学习体育知识和技能的效果。如针对篮球运动项目，除提供篮球理论与技战术外，还可以增加篮球运动场地与裁判规则、篮球欣赏、社会篮球组织与管理等多领域的知识，这样就会增加学生参与社会活动的频率，其锻炼时间与频度会相应增加，身心健康水平也会得到有效的提升。[①]另一方面，要制订由学生起草、教师审核通过的学期课外活动计划，从学生中选拔体育特长生或体育活动积极分子担任组织管理人员，对于学生的课余锻炼情况进行记录，完善课外锻炼记录表，将其纳入高校公共体育课程考核范畴，在评优评先等方面优先考虑积极参加体育课外活动和体育竞赛的学生。在健康中国战略背景下，要将课外体育锻炼考核纳入高校公共体育教学评价指标体系，促进学生养成良好的体育锻炼习惯，并在课外锻炼活动的组织中充分尊重学生的兴趣，有效激发学生自发进行体育活动的意愿。

3. 促进课堂教学内容与课外体育活动的协调和融合

课堂教学是传授健康知识和技能的主要渠道，而课外体育活动是践行健康知识和技能的主要场域，促进两者之间的协调和融合是贯彻健康教育目标的必然要求。2017年，《普通高等学校健康教育指导纲要》明确提出要促进课堂教学与课外活动实践相协调，要结合课堂教育教学内容，合理安排健康实践活动，促进学生健康知识的运用与行为的形成。首先，要求高校开展体育生活化教学，即将体育教学与学生的社会生活密切联系，采取以课堂教学为主，以课外活动

---

① 王剑. 健康中国战略背景下高校体育改革与发展[J]. 湖北体育科技, 2017(7): 625-627.

为辅的方式,使学生能够掌握终身受用的体育技能和健康的生活方式。其次,要使体育课堂教学与课外活动相衔接,其核心就在于要充分保证体育课程的时间,在提升体育课堂教学效果的基础上,把体育课外练习和科学锻炼作为体育课的延续,促进学生"每天锻炼 1 小时"的贯彻落实。①最后,要将课外体育活动纳入到教学计划中,通过积极开展社会体育活动和竞赛,使学生养成自我锻炼的良好习惯,从而形成课堂教学与课外体育活动有机结合的课程结构,共同促进健康教育理念融入到学生的行为意识中。

5.3 强化师资,配齐配强公共体育教师

体育教师是促进高校公共体育教学发展的核心力量,他们肩负着传承体育精神与文化、传授体育知识与技能的职责,同时也是从事"健康中国"宏伟事业的主力军之一。教师是人才培养的关键,拥有一支政治觉悟高、业务能力强的高素质教师队伍是高校发展的基础性工作。要想落实习近平总书记强调的"开齐开足体育课"、建设体育强国等目标,就需要大量有道德、有理想、有学识、有爱心的高素质体育专业人才。高校体育教师个人能力的构成与高校其他学科教学的教师相比,存在一定的特殊性。高校体育教师除了具备一般教师应有的职业素养外,还应具备较强的实践能力,以及指导学生进行实践的能力。因此,高校应在福利待遇、评先评优、职称(职务)晋升评聘等方面制定符合体育教师特点的考评办法,保障、规范和引导体育教师在自我价值实现、专业水平提升、教学能力提高等方面的健康发展,切实保障体育教师的根本权益。

5.3.1 优化高校体育师资培养与供给

体育教师是学校体育健康教育工作的引导者与实施者。在体育教师职前教

---

① 刘纯献,刘盼盼,苏亮.体教结合的难点、痛点、堵点与体教融合价值引领的闪光点[J].北京体育大学学报,2021,44(9):13-23.

育和职后培训中增加了健康教育的内容,并写入《"健康中国2030"规划纲要》中,从侧面反映当下体育教师在健康教育方面的不足。对高校体育教学而言,这是影响大学生身心健康素养提升的关键因素。

1. 改革体育教师选聘准入制度,规范兼职体育教师资格审查制度,不拘一格降人才

一方面,高校在选聘体育教师时应有所侧重,需要综合考察教师的思想品德、业务能力以及育人水平。可采用名师、专家推荐制度,对于一些专业能力强,有着丰富教学经验,且受到学生欢迎,名师、专家极力推荐的体育教师要优先录用,弱化论文发表、学历、奖项、职称等选聘标准,但要注重体育教师思想品德方面的考察。同时,规范兼职体育教师资格审查制度,可参照正式教师选聘准入制度,重视兼职体育教师思想品德、业务能力和育人水平等方面的综合考察。研究设立兼职体育教师职前、职后培训及长效合作机制,保证教师队伍建设的稳定提升。另一方面,鼓励高校优先考虑选聘优秀退役运动员。可借用优秀退役运动员对学生的感召力,提升学生学习的兴趣,优秀退役运动员高超的运动专业水平,也可为提升学生运动水平服务。对此,需要做好以下几方面的工作:第一,做好优秀退役运动员职前、职后培训工作,保障角色转换和职业长效发展。体育教育是一门集多学科为一体的应用型学科,涉及教育学、心理学、人体机能学、运动生物力学、社会学等多方面的学科知识。因此,要加强优秀退役运动员职前、职后培训工作,增强优秀退役运动员在体育教学、健康教育等方面的知识储备,让他们做好从运动员到体育教师或教练员的角色转换,保证优秀退役运动员职业能力的长效发展。第二,完善梯队式教师培养制度,传承宝贵教学经验和优秀教学文化。高校体育教学具有自主性强、地域特色、学科特色鲜明的特性,因此,各高校的体育教学负责人要对本校体育教学的特色与文化内涵有科学合理地把握,并能够将多年积累的具有本校特色的宝贵教学经验进行凝练总结,通过多种方式带动并指导青年教师的成长。例如,设立体育教学名师工作室,将名师的教学理念、教学方法、教案等优秀经验汇成总结报告,并定期安排名师举办讲座,组织青年教师进行学习、分享学习心得。完善新入职教师岗前见习制度,形成"以老带新,以新助老"的教师梯队建设制度，即新入职教师不仅要观摩老教师的课堂教学实况，还要作为老教师的助理去深入体验、感受体育教学。这既可以让新入职教师从中吸取到宝贵的教学经验，又有助于教师间人文精神与情感的传承。

2. 鼓励设立多元化的教师职称评聘制度

普通高校公共体育教师的工作职责大致包括公共体育课教学、组织体育课余训练与竞赛、开展体育科学研究、宣传体育健康理念、传递体育知识与技能、传承学校的体育文化、发展地域体育特色等，其中前三项是体育教师工作职责的基本内容。基于教育部对高校职称评定的要求，高校体育教师职称评定在实际操作层面主要以论文、课题项目、获奖作品等作为具体标准，严重影响了体育教师对钻研体育教学、创新改革体育教学的积极性。因此，对于积极参与教学创新的团队或个人，对于积极组织与训练学生参与体育竞赛并在全民健身或竞技体育中取得突出业绩的团队或个人应予以奖励，将这些内容纳入职称评定的衡量范畴。对于有重大突出贡献的团队或个人除予以奖励外，还可以考虑开通特殊渠道直聘其为副教授或教授，激发体育教师潜心钻研教学改进、完善教学的工作热情。对于那些已获奖励或已拥有高级职称的体育教师，应发挥其在体育教学、科研、竞赛等方面的带头作用，准予体育教师在自己所擅长的领域有一定的创新。总之，高校应不拘一格降人才。

3. 提高高校教师队伍的文化多元化建设，增强开放性和国际性

对于一些具有地域特色、学校特点的体育项目，要注重体育教师相关专业能力的提升与传承，使各高校体育教学能实现有特色的发展。高校还需要让体育教师"走出去"：积极探索体育教师在国内高校间的流动机制，促进体育文化交流的同时增强不同地域间体育教师的业务交流；鼓励有条件的教师出国交流访学，增强体育文化交流的开放性，提升体育教学的国际化水平，积极宣传具有中国特色的传统体育项目，吸纳国外先进的教学理念、教学组织管理等，通过体育的桥梁作用，向世界展示中国高校体育教学成果与体育文化自信。此外，要打破固有学科壁垒，加强与医疗、卫生等健康领域的合作，定期邀请相关专家学者来校进行学术交流，对教师、学生定期组织培训与讲座，并呼吁全校师生以及周边社区都加入体育健康教育事业中，为落实健康中国战略贡献自己的力量。

5.3.2 提升高校体育教师专业素养和职业操守

体育教师是整个体育教学活动的设计者、组织者、实施者。专业技能水平和理论知识储备、语言表达能力和组织能力、心理素质和道德情操、仁爱之心与崇高理想信念等都是衡量教师专业素养水平，保证体育教学质量的重要因素，也是实现体育教学目标、完成教学任务的关键。第一，加强对体育教师的健康知识与技能方面的培养，重点让教师掌握将健康知识传授与促进健康行为养成结合的能力，这既是实施健康教育的基本原则之一，也是落实健康中国战略的首要工作。据此，体育教师首先应从自身出发，转变思想与改变自身行为习惯，将"健康第一"的理念践行于自己的工作生活之中。同时，通过体悟、学习、交流等方式不断形成适用于自身课程教学的目标、内容、方法与模式等，要始终以促进学生养成自发锻炼、终身体育习惯为肇始与发端，切实发挥体育在品德、认知、审美等方面的综合育人作用。第二，要不断提升个人综合素养。从思想上提高认识，要将对自身综合能力提升的追求同为体育教学服务、自我价值实现、自我健康促进与健康中国战略的实现统一起来。践行"知行合一"，从行动上积极参与健康教育相关的培训、学习等活动，更新理念，不断补充体育前沿科学知识、技能与方法。以饱满的精神投入到健康中国战略下体育教学实践的探索与创新工作中，并能够不断地总结成功经验，形成具有个人特点的教学方式，为提升学生身心健康水平贡献自己的智慧。第三，教师在教学过程中要注意课堂教学与课外实践相协调，培养学生将维护个人健康与增强社会责任感统一起来。还要坚持"以生为本"的教育理念，即充分了解学生的需求，尊重学生的兴趣，做到因材施教，并将"以生为本"作为提升职业素养和改进体育的核心。第四，教师要创新教学方法，并注重教导学生建立自我保护意识。体育教师应突破传统教学法的局限，创新教学思维，尝试用情境教学法、项目教学法等新型教育模式。与此同时，加强对学生体育健康知识、科学锻炼常识等健康知识的普及，如常见运动损伤与急救方法、心肺复苏、伤员搬运法、海姆立克法等等。这些关乎学生体育锻炼安全与健康的内容，具有很强的实用性和操作性，教师可借助情景教学等方式帮助学生加深对急救知识内容的理解，同时增加学生对于急救技能的实操经历。还可以通过知识竞赛、技能比赛等形式，促进学生间的交流与互动，营造良好的校园健康文化氛围。

5.3.3 加强高校体育教师培训质量

高校体育教师培训工作，是体育教师专业能力不断提升的重要保障，高校应加强对公共体育教师的培训工作，多渠道、多举措支持公共体育教师参与各类培训。第一，加强对体育教师校内外培训的组织与管理。设立并完善体育教学校内业务培训长效机制，根据需要制订体育教师业务培训计划，并在培训结束后进行相应考核，将考核结果纳入体育教师评优、评先以及职称评定考察的范畴。同时，规范体育教师参与校外培训的制度化管理，要注意甄别校外培训机构或主办方的资质，对申请参加校外专业培训的体育教师在不影响正常教学授课的前提下给予经费、时间等方面的支持，探索设立体育教师参与校内外专业培训的长效机制，破除学科壁垒，鼓励体育教师参与医学、心理学、卫生学、工程学等与健康相关或有助于提升教师教学能力的培训。鼓励体育教师通过自学、外出学习、开展课题研究、学术交流等方式不断提升自身的素养和业务能力，以满足高校公共体育教学改革的迫切需求。第二，加强高校体育部门与校医院、心理咨询工作室的交流与合作。通常来说，高校都拥有自己的校医院、心理健康工作室等机构，高校体育主管领导应加强校内健康教育资源的交流与合作，体育部、校医院、心理健康工作室定期根据自身专业优势分享交流经验，查找影响本校师生身心健康的主要问题来源，从多角度展开交流、研讨，在高校内部形成"体育部＋校医院＋心理健康工作室"共同关注学生身心健康的模式，有针对性地开展对本校学生健康的关爱。第三，加强体育教师思想政治培训，树立党员先锋模范作用。体育育人，不仅要"育体"，更要"育心"。体育教师应在思想上时刻保持与国家社会发展一致，与党的教育方针路线一致，与人民群众的实际需求一致。通过多渠道学习来掌握国家教育事业发展动向，了解并掌握健康中国战略的新要求。特别是作为党员的体育教师，应时刻与党和国家的发展保持一致，时刻反思自己在体育教学工作中的不足，开展批评与自我批评，积极探索、学习中国特色社会主义理论，提高自身思想觉悟与政治意识。

5.4 加大资金投入，完善公共体育教学保障体系

资金投入、制度建设和科技创新是保障高校公共体育教学有序进行、促进健康中国战略贯彻实施的重要前提。针对当前普通高校的体育教学，必须加大体育活动场地设施投入、完善体育教学改革的制度建设、营造校园健康文化氛围，这是高校落实健康中国战略目标要求、保障体育教学目标有效实施、推动学生体质健康水平不断提高的主要载体和必要条件。

5.4.1 强化高校体育资金投入和硬件建设

健康中国政策要求到 2030 年体育场地的设置达到 100%，这就需要教育行政部门和高校加大体育教学改革的资金投入，并加强对基础设施建设经费的保障。

1. 拓展渠道，增强高校体育资金投入总量

其一，加大体育资金在高校年度教育成本预算中的比重，同时科学规划、精准建设现代化体育设施，满足高校体育教学与全校师生体育锻炼的需求。其二，多渠道引入资金，助力高校体育设施建设。鼓励引入社会资金，加强学校体育设施建设。鼓励高校与地方政府、社区等合作，共同出资、规划、配置体育场馆、场地等设施。其三，探索引入市场机制打造校园体育活动精品赛事，树立校园体育文化形象，开发校园体育活动周边市场，增加高校体育收入来源。其四，借助体育活动加强同校友的交流与互动，吸引校友为高校体育教学事业发展贡献自己的力量。

2. 改善条件，加强高校体育基础设施建设

高校公共体育教学的发展离不开各种体育教学设施如各类场馆、体育场地、器材等的支持。环境对体育教学效果及学生学习兴趣有着直接的影响。因此，

高校应加强体育基础设施建设，从面积、体量上达到国家生均体育设施的标准。对一些在学生中受欢迎程度较高或生存必备的运动项目如健身、乒乓球、羽毛球、游泳等提供良好的活动设施。高校还应在体育基础设施建设中贯彻绿色环保、"以人为本"的理念，为学生打造舒适、安全、便捷、绿色、智能的体育设施。此外，积极探索高校与社会体育俱乐部、体校、社区等开展合作的模式，借用社会体育设施资源优势，落实资源共享。陕西省部分普通高校由于土地资源供应不足，在体育场地建设方面受到阻碍，所以，这些高校应挖掘社会体育设施的资源潜力，协调统筹社会的公共体育资源，特别是占地面积大、维护费用高的场地设施，如足球场、篮球场、游泳馆等。

3. 加强管理，提高体育设施设备运行效率

体育设施管理是保证体育设施有序、高效为体育教学、训练与竞赛服务的基础，其在很大程度上决定了高校体育教学和课外锻炼活动的质量。首先，应选择美观、实用、安全、绿色环保，且得到质量检验部门认证的优质产品作为高校的体育设施。高校可通过购买第三方机构服务的方式，保证体育设施从选用优质产品，到合理安装，再到后期维护的全过程都有专业人员的指导或服务。科学管理体育教学器材的更新与淘汰、借出与归还、收纳与储藏，提高体育器材使用效率，避免体育器材的浪费。其次，高校应加强体育设施综合管理制度建设，保证体育场馆、场地有序、高效地向学生开放。本着"物尽其用"的原则，对体育场馆、场地和器材进行充分的开放和利用，引导学生避开高峰时段开展体育锻炼，从而保障体育设施的充分使用。最后，配备专业的体育教辅人员管理体育设施，同时体育教师也要以高度的责任心来规范学生的体育活动，引导学生爱护现有体育设施。对于易损耗的体育器材，体育教辅人员要积极做好记录并及时更换，以防体育设施的老旧或损耗对使用者造成身体损伤。

5.4.2 完善高校公共体育教学制度建设

组织制度和文化环境是高校公共体育教学改革顺利进行、健康教育理念有效落实的重要保障。

1. 要加强高校公共体育教学的组织保障工作

习近平总书记指出："办好中国的事情，关键在党。"所以普通高校应充分发挥校党委班子在落实健康中国战略要求中的带头作用。普通高校的校领导应带头走进运动场，以身作则加入到践行"健康中国"的队伍中去，紧密联系基层体育教师，发挥引领示范作用。同时，他们应转变体育思想观念，重视并加强普通高校体育课程与基础设施的建设，通过加大对体育教师的培训力度，加大对体育经费的投入等方式，提升体育教学保障水平。此外，构建与完善高校体育工作校党政联席会议制度，形成由高校党委领导，校长负责，体育部牵头，高校各院系及后勤处、基建处、科研处、校医院等部门联合，协同落实健康中国战略目标要求的责任体系。发挥利用好党支部在联系广大教师时起到的桥梁纽带作用，加强高校公共体育教师党支部建设与师德师风建设工作，发挥党组织与党支部的政治核心及战斗堡垒作用。

2. 要健全普通高校公共体育运动伤害风险防范机制

体育在提供健康服务时主要在两个方面发挥作用，一是健康促进，二是运动康复。运动康复因专业性较强，需要在专业医师指导下进行有针对性的运动康复训练。而健康中国战略实则强调将"预防关口前移"，更为关注体育运动对人体健康的促进作用。因此，构建运动伤害风险防范机制是保障学生体育运动安全、促进学生进行体育运动的重要措施，具体要做到以下几点：第一，加强应对和处理常见运动损伤风险的宣传工作，提升学生体育运动损伤风险防范意识，例如，学生运动前充分热身，运动中循序渐进、量力而行，运动后合理拉伸与放松，以及运动后科学营养补充与恢复等，从而有效降低运动损伤风险。第二，完善学生体育运动损伤风险防范责任制，规范体育教师组织教学的流程，强化体育教师对学生运动损伤风险防范的责任意识。对于符合体育教学组织流程下产生的学生运动损伤，鼓励引入第三方机构对体育运动安全事故进行调解，解除高校公共体育教师组织教学的后顾之忧。第三，完善高校体育运动损伤应急响应机制，缩短学生从发生运动损伤到获得专业医疗诊疗的时间，并在等待期间有体育教师或体育管理人员到达现场先行合理处置伤员、安抚伤员情绪等，从而提升体育运动伤害救治效率，减少不必要的二次伤害。

5.4.3 以科技赋能高校体育教学改革

科学技术是第一生产力,创新是引领发展的第一动力。长期以来,普通高校公共体育教学因其强身健体的实践属性,而缺少在现代化科学技术应用方面的创新。因此,本研究认为应重点关注以下几个方面。

1. 构建人文与科技融合的价值取向

价值取向的明晰,是统合科学技术与体育教学相融合的首要问题。一是要坚持"以人为本"的价值取向,这要求高校公共体育教学体系的所有环节、所有内容紧跟学生的要求和发展,充分展现体育教学体系的人性化。二是坚持"科学性"与"人文性"的价值取向,这要求高校公共体育教学体系的教学理念、教学目标、教学内容、教学评价等都应该积极融入科学和人文的价值理念,既体现科学技术对体育教学体系效用的提升,同时关照能够促进学生体育锻炼的人文价值关怀。三是强调以培养"未来人"为目的的持续科技创新。科技在不断发展,人的需要也在不断变化。为了持续满足学生对体育教学的需求,培养面向世界、面向未来的高素质综合型人才,必须加强科学技术在体育教学中的应用。但科学技术对体育教学的促进作用不是一蹴而就的,应以培养面向未来的人才为宗旨,推动高校公共体育教学体系在科技助力下朝着开放、包容、共享、绿色的方向不断前进。

2. 促进现代教育技术与高校公共体育教学改革相结合

随着现代教育技术的不断发展,科技与教育之间的融合也随之深入。教育现代化成为高校体育教学改革的一个重要组成部分,由此全面提升高校体育教学的信息化建设水平,让现代教育技术发挥出更大的作用和价值,主要从以下几个方面入手:第一,加强现代教育技术对体育教学内容扩展的辅助作用。利用多媒体、网络平台等教育技术拓展体育教学资源,满足学生多元化体育健康资源的需求。第二,加强现代教育技术对体育教学方法改进的作用。新的教育技术与体育教学的融合衍生出新的教学方法,如播放教学法、程序教学法、微型教学法、数字化教学法等,体育教师应结合自身教学的实际需要,结合已有教育技术新型方法,创新体育教学思路,打造"以生为本"原则的新型体育教学方法，从而更加有效地教授体育教学内容，更好地为实现体育教学目标服务。第三，加强现代教育技术对体育教学评价的科学指导。一方面，加强学生体质健康监测平台建设，提高学生体质健康数据的应用，减少体育教学中低效率、无针对性、重复率高的工作，提升体育教学的精准度与效果。另一方面，构建具有高校特色的教学评价指标体系，借用教育技术手段对学生体育锻炼情况进行日常记录、定期反馈、数据分析等服务，促进现代教育技术与高校公共体育教学融合的可持续发展，长期有效地促进体育教学质量的提升。

3. 构建基于大数据信息化的高校公共体育教学管理平台

体育教学管理与体育教学二者存在同生共轨的关系，有序且高效的体育教学是体育教学管理的目的，也是体育教学管理的根本渠道。对此，需要构建基于大数据信息化的高校体育教学管理平台，完善体育教学管理的科学标准及工作体系，实施动态管理，采取灵活的应变对策，凸显"以生为本"的体育教学管理原则。还要利用实时监测系统，收集、分析、反馈学生的身体健康情况，对潜存的体育运动损伤风险进行预警，提升学生体育锻炼的效率，为学生个人健康管理、科学训练、竞赛活动参与等提供专业线上指导与信息平台，为体育教师或科研工作人员进行科学研究提供大量支撑数据等。另外，有条件的高校还可以利用体育教学管理平台实现和人工智能设备、大数据模拟训练系统、虚拟现实或可穿戴智能运动装备、智慧场馆等硬件设备的协同交互，为学生提供更加便捷、高效、安全、智能的运动体验。

5.5 加强宣传，提升全社会公民健康意识

健康意识是指人们对于健康产生的理念和观念，包括健康的生活习惯和全民健身的意识。健康意识从发生、发展到相对稳定、成熟，是一个缓慢积累而成的过程。人们只有意识到健康的重要性并有主动提高健康水平的意愿时，才会自发地进行体育锻炼以促进健康，并不断自我监督、自我完善，从而将体育运动演变为健康生活的组成部分。健康中国战略下高校公共体育教学的改进需

要全社会共同营造"健康第一"的观念，在全社会不同主体相互配合的基础上，改进和完善高校体育教学工作，进而实现体育教学的高质量发展。

5.5.1 在全社会大力弘扬"健康第一"的理念

2021年8月，教育部等五部门联合发布《关于全面加强和改进新时代学校卫生与健康教育工作的意见》，进一步强调要学生树牢"每个人是自己健康第一责任人"的理念。为了实现这一目标，以高校体育教学工作为抓手，首先要转变高校管理者、体育教师、学生家长的教育观念。

1. 高校管理者校正体育教育理念，做好高校公共体育教学顶层设计

针对当前"大学竞争"背景下高校公共体育教学管理者在认识方面存在的误区，高校体育主管领导要率先转变思想观念，认识体育的社会价值和功用，走出传统观念中"小体育"的狭隘，从全面建设小康社会的高度来认识体育的价值，进而提升对高校公共体育教学发展的重视。

一是要坚持"健康第一"的大体育观。体育教学不仅仅是教会学生"跑跑步、跳跳操、比比赛"，它要让学生通过身体锻炼增强适应环境的能力，在体育锻炼中磨炼心智、锤炼意志、锻造品格，形成正确的价值观，更为重要的是养成终身体育锻炼的习惯，并能够将体育运动融入生活，形成健康的生活方式与健康的行为习惯，即体育教学围绕立德树人，让学生提高体育与健康的科学知识素养。大学生的健康状况直接关系到国家的发展和强盛，促进大学生身心健康是学校体育教育不可推卸的责任。因此，高校管理者应转变传统狭隘的体育教学观，将体育课程的教学目标校正为对运动能力、健康行为和体育品德的培养。①高校管理者应从健康素养这一顶层设计来审视高校公共体育教学，结合健康中国战略要求，对学校体育规划、教学目标作出相应的变革，担任起发展学生综合素养的重任。健康中国战略下的"教学目标"与传统"教学目标"还是存在着明显的区别。例如，在健康中国战略要求下的体育教学目标需从"依据目标执行教"转向"基于目标如何教"；教学内容中要注重健康知识传授与行

---

① 张博. 在核心素养视阈下推动高校体育课程改革[J]. 中国高等教育，2019（5）：49-51.

为养成，课堂教学与课外活动相协调；在教学方法上，要从灌输式的教学方式逐渐走向师生在具体的情境中共同创造学习经验的方式，凸显学生"学"的主体地位，教学主体需要从"师讲生练"到"师生对话"；教学评价从单一的定性、定量评价相结合转向多元主体、阶段性与终结性评价相结合的指南式评价。二是树立终身体育教学思想。终身体育是指个人能够终身自主进行体育锻炼和主动接受体育教育，其含义包括两方面内容：其一，终身体育是指人从生命开始至结束，坚持学习体育知识和技能，参加体育锻炼活动，行为本身带有明确的目的性——使体育真正成为人一生中始终不可缺少的重要内容；其二，在终身体育思想的指导下，以体育的体系化、整体化为目标，激发人们在不同时期、不同生活领域中参加体育活动的欲望。在终身体育的教学理念下，高校管理者要自觉将终身体育教育思想践行到高校公共体育教学改革管理中，做好高校公共体育教学顶层设计，确保其与体育的教学思想、观念一致，推动终身教育思想与高校公共体育教学的有效融合，确保两者在教育实施过程中相互促进，更好地教育、引领大学生发展。

2. 高校公共体育教师要克服功利主义，自觉落实"立德树人"根本任务

针对当前大学竞争背景下高校公共体育教师在教学内容方面和教育评价方面存在的"教学内容"与健康中国战略要求相脱节、"重科研轻教学"等问题，高校公共体育教师要转变思维观念，坚守育人初心。具体来说，一是要树立终身体育思想，对标健康中国战略要求优化体育教学体系。教师首先要对标健康中国战略要求，以终身体育观念为引领，自觉优化高校公共体育教学体系。如在高校公共体育教学目标上，应将健康中国战略思想、终身体育教学思想融入高校公共体育教学目标，在教学内容上设计能够激发大学生体育锻炼兴趣的体育教学活动及体育锻炼模式。对标健康中国战略的具体要求，关注大学生体育技能的培养，通过开展多样化的体育教学活动，使大学生更加熟练地掌握体育运动技能，进而能自主地参与到体育项目中。与此同时，关注体育人文目标的培养，重视高校学生的意志力、果敢力、反应力、自我修复力等的培养，以"以生为本"理念为主线保障体育教学过程始终关注学生的实际需要；以体育理论学习与实践信息为支撑，让大学生进行良好的终身体育实践。在高校公共体育教学方法上，创新高校公共体育教学方法与手段，丰富高校公共体育教学组织形式。二是自觉落实"立德树人"根本任务。针对当前高校公共体育教学中"重科研轻科学"的现象，一方面社会要改变大学教师所处的大环境，使他们能够安心教学、乐于教学；另一方面，高校教师要贯彻"立德树人"根本任务，转变功利性的教育理念，明确"教书育人"重在"育"，"立德树人"首先要自"立"德。要像园丁育树一样，不可急功近利，要时常"灌溉""施肥""修剪"。正所谓十年成树、百年成林，对待体育教学要重过程、轻结果，一点一滴扎实做好公共体育教学活动。对于公共体育的教学改革，要将"终身体育、以生为本、健康第一和立德树人"贯穿于教学的始终，要注重培养学生自发学习体育知识的意识，帮助其养成积极健身的良好习惯。

3. 家长要从子女长远发展着手，正确评估体育课程的健康价值

针对当前大学竞争背景下家长在高校公共体育教学中存在的"唯分数论""重科研轻教学"等问题，社会要转变当前"重智育轻体育"的导向，形成良好的多元化的评价导向体系，家长也要克服功利化的教育期待，正确评估高校体育课程的育人价值。具体来说，家长要强化"健康第一"思想，正确处理好子女"分数"与"健康"二者之间的关系。家长在面对教育的不确定性时，要回归本心，以"天地自然之道"培养自己的孩子。赫利斯曾严肃指出："把教育看作是社会改造的工具，既不明智，也是危险的。"①当家长在面对当前社会发展中存在的种种不确定性时，应保持以不变应万变的态度。对教育始终保持一颗敬畏之心，顺应子女成长的自然规律，不要在盲目跟风追逐表面成就中忽视对子女健康、生命意义、终极幸福的追求，否则会让自身陷入无止境的焦虑深渊。放眼子女的一生，求学之路不过是每个人都要有的一段经历，而真正决定生存质量、生命长度与意义的是拥有健康的体魄。当他们通过体育教学掌握了体育的基本知识、技能与方法，增强了身心健康，养成了良好的意志品质和道德情操，才会意识到自己给未来的发展奠定了良好的础。"健康第一"指导思想不仅

---

① 唐静芸.围困与突围：当代中国家长教育焦虑的困境解读［J］西北成人教育学院学报，2021（9）：32-37.

注重培养学生的健康意识与健康行为，还注重培养学生将维护个人健康与增强社会责任感统一起来。学生形成自主参与体育运动的意识、养成坚持体育运动的习惯、掌握体育运动的技术和能力对于其一生的发展都有益处。同时，学生在增强对社会的责任感后，往往会积极主动地将健康理念分享给周围的同学、家人、朋友，也乐于向周围有关人群分享体育锻炼与健康促进心得，家长应该站在这一角度，关注体育锻炼在子女成长、学习、就业等阶段中的作用，和子女在健康知识与技能交流中增加互动，通过亲身支持为子女树立健康行为的正面形象。家长也要提高自身的身体素养，处理好子女学习中"专业课程"与"体育课程"的关系。家长需要以终身体育思想武装自己，坚持践行健康中国战略，从自己抓起，从家庭抓起，真正充分发挥家长在健康中国战略中的带动作用。家长同时也要抓住健康中国战略的重大历史机遇，围绕着"健康第一"和终身体育的教育理念，充分认识学校体育课程在健康中国战略中的重要基础作用，在关注学生专业课程成绩的同时，要重视其在大学体育教学中的表现。

5.5.2 升级宣传方式以营造校园健康文化氛围

针对当前全社会健康意识淡薄的现象，还应结合多元传播技术，不断优化健康理念的传播途径。健康中国战略提出，各媒体应加大健康科学知识的宣传力度。循此出发，应从以下方面对其进行调整。

1. 落实健康知识普及与健康中国战略宣传工作

对全社会健康意识的提升不能仅仅局限于课堂，还应让健康的理念融入到学生的学习和日常生活当中。高校应通过多种渠道，加大对健康知识的宣传力度。如在宣传栏、教室走廊、食堂、体育馆、操场、学生宿舍等地精心设计符合学生喜好的健康小贴士、寄语或画报，实现健康宣传全方位融入学生在校的日常生活，让学生在校期间时时、处处都能学习健康教育知识，并且运用到生活和学习中。学校还可以定期组织学生开展健康知识竞赛活动、观看健康教育方面的影视作品、邀请知名专家来校进行健康知识讲座……通过这些方式丰富高校健康宣传活动。在家庭中，父母也有义务担当健康知识的宣传员，督促指导子女养成健康的生活习惯。社会各界也应加大对学生健康的关注，用学生喜爱的方式引导学生实施正确的健康行为。与此同时，除了传统的媒体传播途径外，还应积极借助大数据、互联网等先进的技术传播手段，积极将先进技术应用到健康知识普及和健康中国战略宣传中，不断改善与筑牢社会不同群体的"健康第一"理念。

2. 建立健康知识普及和信息宣传服务管理系统

针对当前高校竞争背景下全社会健康意识淡薄的现象，社会要借助先进的信息传播技术和大数据等，尝试构建健康知识普及和信息宣传服务管理系统，为健康中国战略知识的普及和健康意识的培育提供先进技术支撑。例如，高校需要建立和完善学生体质健康数据管理系统，及时汇总并记录学生在各子系统中产生的数据，并进行归纳分析，为有针对性地开展体育教学提供数据支撑。一方面，设立学生身体健康和心理健康档案。教师在实际教学过程中，可根据学生的课堂表现，进行相应的记录，以备后续体育教师掌握学生身心状况与存在的问题，实施有针对性的解决方案和教学指导。另一方面，建立健康知识信息服务平台。教师可以尝试构建健康中国战略线上服务课堂。高校公共体育教师在课堂教学过程中，可利用微信、QQ等即时通信软件，营造积极向上的"健康意识传播环境"。同时，借助咨询服务、主题讨论、心理课堂等线上健康知识服务载体，将信息化、数字化教学理念应用在健康知识普及的宣传服务中，发挥大数据的最大效能，及时有效地解决高校学生在健康意识培育和健康锻炼过程中的需求。

3. 增强高校体育健康教育的文化环境氛围

高校体育文化环境是教育主体在高校体育文化的支配下，在体育课堂教学和校园体育活动中形成的由体育价值观念、体育行为规范、体育氛围及相应的物质基础等文化样态构成的集合体，其主要价值是通过引导学生"内化于心，外化于行"来促进个体发展。①我们要一如既往地加强师德师风方面的建设工作，制定合理的、有效的监督、考核、评价机制，以进一步提高相关制度的

---

① 王爱华.论高等学校校园体育文化环境建设[J].北京体育大学学报,2004(9):1260-1261.

执行力度，让体育文化环境的发展相协调，从体育文化环境的发展带动物质和精神文化环境层面的发展。我们要加强体育精神文化的建设与发展。借助于体育教师、体育特长生、体育爱好者等中坚力量，并以学生体育社团活动、校园电台、校运动会、校际体育活动等为依托，主动有序地传播与建构校园体育精神文化。①

---

① 辜德宏，刘雪勇，常德胜. 高校体育文化环境的调查研究——以湖南省高校为例［J］. 南京体育学院学报（社会科学版），2012，26（5）：1-8.

结　语

普通高校公共体育教学改革既是健康中国战略实施的重要组成部分，也是全面加强和改进新时代学校体育工作的必然诉求。本研究运用文献法、调查法、访谈法和案例分析法等研究方法，对健康中国战略下普通高校公共体育教学改革的理论基础、政策依据、现实样态、存在问题及原因进行了系统的梳理、分析与探讨，对健康中国战略下普通高校公共体育教学改革具有一定的理论指导和实践借鉴意义。

1. 主要结论

通过问卷调查、深度访谈、案例分析，本研究得出以下四点基本结论：

（1）我国普通高校公共体育教学在落实健康中国战略目标方面发挥了一定的作用。

本研究认为，普通高校公共体育教学在广泛开展学生喜闻乐见的运动项目中积极主动，效果明显。61.78%的学生能够确保每天锻炼半小时以上，54.13%的学生每周锻炼3次以上，71.69%的学生能够熟练掌握1项及以上的运动项目。体育教学注重对学生体育道德精神的培养，注重学生运动参与度和终生体育意识的提升，注重在体育课堂教学中广泛传播健康中国战略的理念、目标、内涵等相关内容，能够运用多种教学方法开展教学，采取定量评价与定性评价相结合的方式对学生进行考核。

（2）当前普通高校公共体育教学与健康中国战略目标之间存在一些亟待关注的问题。

本研究发现，当前我国普通高校公共体育教学目标与健康中国战略目标要求相脱节，存在模糊性、滞后性等问题。在教学目标执行过程中形式主义泛滥；教学内容设置不合理，教材创新不足，缺乏趣味性，课外锻炼活动缺乏引导性和健身性，偏离健康中国战略目标的要求；教师对教学方法存在认知偏差，以教师为主导的教学方法占主导地位，未能体现"以生为本"的教育理念，教学模式有待创新，俱乐部形式发展不完善，教师对信息技术的应用能力不强；教学评价的价值理念出现偏移，功利色彩浓厚，评价的内容不够全面，学生认可度不高，评价的责任主体长期为教师，"既是教练员，又是裁判员"，很难保证评价的公平公正，尽管采用定量与定性相结合的方式进行评价，但差异化评价不足。

（3）普通高校公共体育教学受主客观等多因素的影响和制约。

本研究发现，造成当前普通高校公共体育教学与健康中国战略目标之间存在差距的因素是多方面的。学生进入大学之前，在"升学教育"的主导下没有形成良好的体育意识，学生对体育的认知不足，喜欢体育却又不喜欢体育课，从而造成对体育锻炼行动的认识不足。高校间为争创"一流"竞争激烈，从高校体育管理者、体育教师到学生都对体育与健康的意识比较淡漠，从而影响学生健康意识的提升。在体育教学活动中，教师队伍的数量、学历结构、专业水平等因素制约着健康中国战略目标的实施，学校体育经费投入不足影响着体育教学在教学现代化、智能化与创新方面的发展。

（4）推进健康中国战略下普通高校公共体育教学改革需要端正理念、深化改革、强化师资、加强投入与宣传。

本研究认为，普通高校公共体育教学改革要从端正理念入手，树立为培养面向未来的高素质人才服务的体育教学理念，树牢培养学生自主锻炼、终身体育习惯的教学目标。在对教学内容的选择时，注重教材的趣味性、合理性与创新性，坚持"以生为本"的原则，不断满足学生的实际需要。积极引导学生体育活动的课外延伸，促进终身体育锻炼习惯的养成。教师不断提升自身专业水平与技能水平，创新教学方法，利用信息技术提升教学效果。学校应加大对体育教学的资金投入，加强与完善学校体育设施建设，利用新媒体、多渠道加强健康教育宣传力度，营造"全民健身"、健康中国战略体育文化。

2. 研究创新之处

（1）研究视角新。

2016年10月，中共中央、国务院印发《"健康中国2030"规划纲要》；党的十九大报告对"实施健康中国战略"作出全面部署；2020年，中共中央、国务院印发《关于全面加强和改进新时代学校体育工作的意见》等政策文件。这些文件对新时代我国学校体育的发展提出了新的要求。本研究以普通高校公共体育教学改革研究为选题，立足于对陕西省普通高校公共体育教学现状进行审视、问题查摆与因素溯源，与前人研究相比，研究视角具有一定的新颖性。

（2）研究方法新。

本研究是改进普通高校公共体育教学实践的研究，在研究方法上借鉴社会学、生态学、政治学等其他学科视角，综合运用文献法、调查法、访谈法、案例分析法等多种研究方法，形成定性研究与量化研究相结合的混合式研究方法以及工具性个案研究的策略。

（3）研究模式新。

构建了健康中国战略下普通高校公共体育教学改革的"目标—价值式"审视模型，即基于泰勒的课程与教学目标模式理论，预设立可操作的教学目标，围绕教学目标确定教学内容、教学方法和教学评价，在多次审视反馈后形成"目标回归价值式系统"，与普通高校公共体育教学实践紧密结合，为普通高校公共体育管理者及教师提供认识的新视角。

3. 研究不足与展望

本研究的不足之处在于，高校公共体育教学具有很大的自主性与地域特色，而本研究只选取陕西省作为普通高校公共体育教学现状调查的对象，因此在对普通高校公共体育教学现状进行审视与问题查摆时，难以做到面面俱到。同时，本研究调查的对象多是体育管理人员、体育教师和学生，其中具有体育教学理论基础的专家学者不多，由此可能对深入研究造成一定的影响。

展望未来，健康中国战略在2030年阶段目标实现后，将会站在新的起点上

结 语

提出健康中国战略的新目标与新要求。同时，伴随全社会健康理念的转变，学生体育意识与需求的变化，普通高校公共体育教学也将会面临新的问题与挑战。我们究竟需要什么样的体育教学来为面向未来的高素质人才服务？该如何帮助他们树立"健康第一"的理念？如何让他们具有终身体育的意识，形成健康生活和行为的习惯？大学生又会对体育教学有哪些新的需求与期待？笔者认为，随着研究的不断深入，体育教学改革优秀案例的不断涌现，"法无定法"是普通高校公共体育教学改革的外在表现，高校公共体育教学管理者与教师应勇于创新、积极实践，做到"不唯书，不唯上"，时刻保持与学生的沟通，倾听他们的需求，扫除体育教学改革中的各种障碍，在经典教学理论的指导下，以实际行动为普通高校公共体育教学改革作出贡献。

附 录

附录1

健康中国战略下普通高校公共体育教学现状调查问卷（预调查）
（学生版）

（学校名称：＿＿＿＿＿＿＿＿）

亲爱的同学：

您好！本调查目的在于客观、全面地了解健康中国战略实施后，普通高校体育教学现状，以期能为未来的普通高校体育教学改革提供参考依据。请您认真填写以下调查问卷，您的真实回答将为我们的学术研究提供建设性的意见。

本问卷以不记名形式进行，所有数据仅用于学术研究，不会对您的学习生活造成任何困扰。题目无对错之分，请您根据日常教学的实际情况作出回答。

感谢您的参与，祝您学习顺利！

填写说明：

请您在所选答案前打"√"或填写选择项，如果您的答案不包括在其中，请在＿＿＿＿处准确、全面的填写文字说明，未特别说明的选择题，均为单选题。

第一部分：

个人情况

1. 性别：□男　　□女
2. 身高（cm）：＿＿＿＿＿＿＿　体重（kg）：＿＿＿＿＿＿＿

3. 现在所读年级：□大一　　　□大二　　　□大三　　　□大四

4. 每周上体育课时数：□1课时　　　□2课时　　　□2课时以上
　　　　　　　　　　□其他：_____

5. 您通过学校体育课熟练掌握了几项运动项目：
　　　　　□1项　　　□2项　　　□3项及以上　　　□没有熟练掌握

第二部分：

党的十九大将"健康中国"上升为国家战略，2016年10月，中共中央、国务院印发了《"健康中国2030"规划纲要》，要求"将健康教育纳入国民教育体系，把健康教育作为所有教育阶段素质教育的重要内容"。请您以此根据现实情况真实填写下面问答。

6. 您对健康中国战略的熟悉程度：

　　A. 非常熟悉　　　B. 比较熟悉　　　C. 一般

　　D. 不太熟悉　　　E. 完全不熟悉

7. 您现在所掌握的健康知识主要来自（多选题）：

　　A. 体育课　　　　　　　　B. 健康教育课

　　C. 报刊、网络和电视　　　D. 校园广播和宣传栏等

　　E. 与他人交流（包括父母）　F. 其他：_____

8. 您对自己健康的重视程度：

　　A. 非常重视　　B. 重视　　C. 一般　　D. 不重视　　E. 非常不重视

9. 除了体育课以外，您平时参加体育活动锻炼的频率：

　　A. 3次及以上　　　B. 1~2次　　　C. 没有自觉锻炼的习惯

10. 除了体育课以外，您平时每次参加体育锻炼的时间：

　　A. 30分钟及以下　　　　　　　B. 30~60分钟（含60分钟）

　　C. 60~120分钟（不含120分钟）　D. 120分钟及以上

11. 下列哪些是您了解并掌握的内容（多选题）：

　　A. 运动的"第二次呼吸"　　B. 最大心率计算方法

　　C. 最佳体脂率　　　　　　　D. 运动的"极点"

　　E. BMI值　　　　　　　　　　F. 最佳心率计算方法

G. 有氧运动最佳持续时长　　H. 其他：_____

12. 您对当前体育教学内容的满意程度：

　　A. 非常满意　B. 满意　C. 较满意　D. 不满意　E. 很不满意

13. 影响您对体育教学内容满意度的原因是（多选题）：

（第12题您回答"不满意"和"很不满意"时，请回答此题，其余可跳过）

　　A. 内容枯燥单一　　　　　　B. 内容缺乏趣味性

　　C. 内容缺乏挑战性　　　　　D. 其他：_____

15. 您对体育教师教学方法的意见（多选题）：

　　A. 教法单一、老套、变化不够　　B. 不能关照个人的认知结构

　　C. 缺乏师生间的互动交流　　　　D. 不能做到循序渐进

　　E. 不能做到因材施教　　　　　　F. 其他：_____

16. 您对当前高校体育教学评价方式的认可度：

　　A. 非常满意　B. 满意　C. 较满意　D. 不满意　E. 很不满意

17. 学分获取难易程度是我评价体育课程好坏的重要参考标准：

　　A. 完全同意　　　　　B. 同意　　　　　　C. 基本同意

　　D. 不同意　　　　　　E. 完全不同意

18. 您对学校体育设施的满意度：

　　A. 非常满意　B. 满意　C. 较满意　D. 不满意　E. 很不满意

19. 您最希望获得的体育健康知识是（多选题）：

　　A. 科学锻炼身体的方法　　B. 运动与营养　　C. 安全应急与避险

　　D. 通过体育锻炼增强体质，预防疾病　　　　E. 体育锻炼与心理健康

　　F. 健康行为与体育生活　　G. 其他：_____

20. 您对学校体育教学或体育与健康教育方面，最期待的改变是什么？

本问卷到此结束。

感谢您在百忙中抽出时间填写问卷，您的建议对我们十分重要。最后，祝您学习进步、身体健康、幸福愉快！

附录 2

健康中国战略下普通高校公共体育教学现状调查问卷（预调查）（教师版）

（学校名称：＿＿＿＿＿＿＿＿）

尊敬的老师：

您好！本调查目的在于客观、全面地了解健康中国战略实施后，普通高校体育教学现状，以期能为未来的普通高校体育教学改革提供参考依据。请您认真填写以下调查问卷，您的真实回答将为我们的学术研究提供建设性的意见。

本问卷以不记名形式进行，所有数据仅用于学术研究，不会对您的工作生活造成任何困扰。题目无对错之分，请您根据日常教学的实际情况作出回答。

感谢您的支持与配合！祝您工作顺利！

填写说明：

请您在所选答案前打"√"或填写选择项，如果您的答案不包括在其中，请在＿＿＿＿＿＿＿处准确、全面的填写文字说明，未特别说明的选择题，均为单选题。

第一部分：

基本情况

1. 您的性别：□男　　□女
2. 您的年龄：□25岁及以下　□26~35岁　□36~45岁　□45岁以上
3. 您的教龄：□1~5年　□6~10年　□11~15年　□15年以上
4. 您的学历：□本科　□研究生　□博士　□专科及以下
5. 您是否为高校全职体育教师：（如答否，请填写您的其他工作）□是　□否＿＿＿＿＿＿＿
6. 您的职称：□助教　□讲师　□副教授　□教授
7. 您本学期体育教学班级数量：□3个及以下　□4~6个　□7~9个　□9个及以上

8. 您每周上课时数：□10 课时及以下　　□10～15 课时　　□16～20 课时
　　　　　　　　　□20 课时以上

9. 您每年外出参加培训的次数：□每年 1 次　　□没有外出培训过
　　　　　　　　　　　　　　□每年外出培训 2～3 次

10. 您所在高校每年生均体育教育经费投入区间：
　　　□10 元以下　　□10～20 元　　□20～30 元　　□30～50 元　　□50 元以上

第二部分：

党的十九大将"健康中国"上升为国家战略，2016 年 10 月，中共中央、国务院印发了《"健康中国 2030"规划纲要》，要求"将健康教育纳入国民教育体系，把健康教育作为所有教育阶段素质教育的重要内容"。请您以此根据现实情况真实填写下面问答。

11. 您对健康中国战略的熟悉程度：
　　A. 非常熟悉　　　　　　B. 比较熟悉　　　　　　C. 一般熟悉
　　D. 不太熟悉　　　　　　E. 完全不熟悉

12. 您对健康中国战略哪些方面比较熟悉：
　　A. 健康中国战略的内涵与目标
　　B. 仅知晓健康中国是让人们更加注重健康意识
　　C. 没有过多关注健康中国战略

13. 您是以什么为目标进行教学设计的：
　　A. 以学生运动技能为目标　　B. 以学生运动参与为目标
　　C. 以终身体育意识为目标　　D. 以心理健康和社会适应能力为目标

14. 您觉得为什么要持续开展体育教学（多选题）：
　　A. 旨在提高学生体育基本理论知识　　B. 根据学校教育教学安排
　　C. 要帮助学生掌握运动技能　　　　　D. 提高学生的体育品德精神

15. 您是以什么为依据选择您教学的课程内容（多选题）：
　　A. 自己专长　　　　　　B. 学生兴趣和自身需要
　　C. 体质测试项目　　　　D. 项目难易程度　　　　E. 其他：_____

16. 下列哪个项目是您主要教学内容：

A. 体操　　　　　　B. 球类（包括大球和小球）　　C. 武术

D. 田径　　　　　　E. 游泳　　　　　　F. 其他：_____

17. 您在体育教学时所采用的教学方法（可多选）：

　　A. 讲解与示范法　　B. 完整法与分解法　　C. 预防与纠正错误法

　　D. 发现式教学法　　E. 探究教学法　　　　F. 领会教学法

　　G. 合作式教学法　　H. 其他：_____

18. 您在体育教学中运用信息化媒体情况：

　　A. 从来不会使用信息化媒体进行教学

　　B. 很少使用信息化媒体进行教学

　　C. 偶尔使用信息化媒体进行教学

　　D. 经常使用信息化媒体进行教学

19. 您开展体育教学的组织形式有哪些（多选题）：

　　A. 班级教学　　　　B. 俱乐部教学　　　　C. 个别教学

　　D. 分组教学　　　　E. 其他：_____

20. 您觉得开展体育教学最主要的目的是什么？

　　A. 完成课程教学目标内容　　B. 帮助学生达到体育项目考核评价要求

　　C. 帮助学生养成好的体育习惯　　D. 其他：_____

21. 您对"体育教学内容取决于课堂教学最终考核评价指标"的态度：

　　A. 完全同意　　B. 基本同意　　C. 同意　　D. 不同意

22. 您从哪些维度评价学生课堂表现（多选题）：

　　A. 体育知识、技能的习得　　　　B. 技能的习得和身体机能的提升

　　C. 团队合作意识与能力的提升　　D. 运动兴趣的培养

　　E. 运动行为的养成　　　　　　　F. 其他：_____

23. 您在对学生进行教学考核时的主体是（多选题）：

　　A. 教师本人　　B. 同行互评　　C. 专家考核

　　D. 学生互评　　F. 其他：_____

24. 您在体育教学中所采用的教学评价方法：

　　A. 定性评价　　　　　　　　　　B. 定量评价

C. 定性评价与定量评价相结合　　　D. 其他：_____

25. 您所教课程对学生的评价主要考察哪些内容（多选题）：

　　A. 体育健康知识与技能的习得　　　B. 体质健康水平

　　C. 意志能力提升　　　　　　　　　D. 运动专项技能水平

　　E. 运动参与程度　　F. 运动兴趣增强　　G. 其他：_____

26. 对于当前高校体育教学改革，您认为最为关键的建议是：

本问卷到此结束。

感谢您在百忙中抽出时间填写问卷，您的建议对我们十分重要。最后，祝您工作生活幸福愉快！

附录 3

健康中国战略下普通高校公共体育教学现状调查问卷（修订版）
（学生版）

（学校名称：_____）

亲爱的同学：

  您好！本调查目的在于客观、全面地了解健康中国战略实施后，普通高校体育教学现状，以期能为未来的普通高校体育教学改革提供参考依据。请您认真填写以下调查问卷，您的真实回答将为我们的学术研究提供建设性的意见。

  本问卷以不记名形式进行，所有数据仅用于学术研究，不会对您的学习生活造成任何困扰。题目无对错之分，请您根据日常教学的实际情况作出回答。

  感谢您的参与，祝您学习顺利！

填写说明：

请您在所选答案前打"√"或填写选择项，如果您的答案不包括在其中，请在_____处准确、全面的填写文字说明，未特别说明的选择题，均为单选题。

第一部分：

个人情况

1. 您的性别：□男　□女

2. 您的身高（cm）：_____　体重（kg）：_____

3. 您现在所读年级：□大一　□大二　□大三　□大四

4. 您每周上体育课时数：□1课时　□2课时　□2课时以上
         　□其他：_____

5. 您通过学校体育课熟练掌握了几项运动项目：
   □1项　　　□2项　　　□3项及以上　　　□没有熟练掌握

第二部分：

党的十九大将"健康中国"上升为国家战略，2016年10月，中共中央、国务院印发了《"健康中国2030"规划纲要》，要求"将健康教育纳入国民教育体系，把健康教育作为所有教育阶段素质教育的重要内容"。请您以此根据现实情况真实填写下面问答。

6. 您对健康中国战略的熟悉程度：

    A. 非常熟悉　　B. 比较熟悉　　C. 一般　　D. 不太熟悉　　E. 完全不熟悉

7. 您现在所掌握的健康知识主要来自（多选题）：

    A. 体育课　　　　　　　　　　B. 健康教育课

    C. 报刊、网络和电视　　　　　D. 校园广播和宣传栏等

    E. 与他人交流（包括父母）　　F. 其他：_____

8. 您对自己健康的重视程度：

    A. 非常重视　　B. 重视　　C. 一般　　D. 不重视　　E. 非常不重视

9. 除了体育课以外，您平时参加体育活动锻炼的频率：

    A. 3次及以上　　　　B. 1~2次　　　　C. 没有自觉锻炼的习惯

10. 除了体育课以外，您平时每次参加体育锻炼的时间：

    A. 30分钟及以下　　　　　　　B. 30~60分钟（含60分钟）

    C. 60~120分钟（不含120分钟）　　D. 120分钟及以上

11. 下列哪些是您了解并掌握的内容（多选题）：

    A. 运动的"第二次呼吸"　　B. 最大心率计算方法　　C. 最佳体脂率

    D. 运动的"极点"　　　　　E. BMI值　　　　　　　F. 最佳心率计算方法

    G. 有氧运动最佳持续时长　　H. 其他：_____

12. 您对当前体育教学内容的满意程度：

    A. 非常满意　　　　B. 满意　　　　C. 较满意

    D. 不满意　　　　　E. 很不满意

13. 影响您对体育教学内容满意度的原因是（多选题）：

    （第12题您回答"不满意"和"很不满意"时，请回答此题，其余可跳过）

    A. 内容枯燥单一　　　　　B. 内容缺乏趣味性

    C. 内容缺乏挑战性　　　　D. 其他：_____

15. 您对体育教师教学方法的意见（多选题）：

A. 教法单一、老套、变化不够　　　B. 不能顾及体验成功的乐趣

C. 缺乏师生间的互动交流　　　　D. 不能做到循序渐进

E. 不能做到因材施教　　　　　　F. 其他：_____

16. 您对当前高校体育教学评价方式的认可度：

　　A. 非常满意　　　B. 满意　　　C. 较满意

　　D. 不满意　　　　E. 很不满意

17. 学分获取难易程度是我评价体育课程好坏的重要参考标准？

　　A. 完全同意　　　B. 同意　　　C. 基本同意

　　D. 不同意　　　　E. 完全不同意

18. 您对学校体育设施的满意度：

　　A. 非常满意　　　B. 满意　　　C. 较满意

　　D. 不满意　　　　E. 很不满意

19. 您最希望获得的体育健康知识是（多选题）：

　　A. 科学锻炼身体的方法　　　B. 运动与营养

　　C. 安全应急与避险　　　　　D. 通过体育锻炼增强体质，预防疾病

　　E. 体育锻炼与心理健康　　　F. 健康行为与体育生活

　　G. 其他：_____

20. 您对于学校体育教学或体育与健康教育方面，您最期待的改变是什么？

本问卷到此结束。

感谢您在百忙中抽出时间填写问卷，您的建议对我们十分重要。最后，祝您学习进步、身体健康、幸福愉快！

附录 4

健康中国战略下普通高校公共体育教学现状调查问卷（修订版）
（教师版）

（学校名称：_____）

尊敬的老师：

您好！本调查目的在于客观、全面地了解健康中国战略实施后，普通高校体育教学现状，以期能为未来的普通高校体育教学改革提供参考依据。请您认真填写以下调查问卷，您的真实回答将为我们的学术研究提供建设性的意见。

本问卷以不记名形式进行，所有数据仅用于学术研究，不会对您的工作生活造成任何困扰。题目无对错之分，请您根据日常教学的实际情况作出回答。

感谢您的支持与配合！祝您工作顺利！

填写说明：

请您在所选答案前打"√"或填写选择项，如果您的答案不包括在其中，请在_____处准确、全面的填写文字说明，未特别说明的选择题，均为单选题。

第一部分：

基本情况

1. 您的性别：□男　　□女
2. 您的年龄：□25 岁及以下　□26~35 岁　□36~45 岁　□45 岁以上
3. 您的教龄：□1~5 年　□6~10 年　□11~15 年　□15 年以上
4. 您的学历：□本科　　□研究生　　□博士　　□专科及以下
5. 您是否为高校全职体育教师：（如答否，请填写您的其他工作）
　　　　　　　　　　　　　　　　　　□是　　□否_____
6. 您的职称：□助教　　□讲师　　□副教授　　□教授
7. 您本学期体育教学班级数量：□3 个及以下　□4~6 个　□7~9 个
　　　　　　　　　　　　　　□9 个及以上

8. 您每周上课时数：□10 课时及以下　□10～15 课时

　　　　　　　　　　□16～20 课时　　□20 课时以上

9. 您每年外出参加培训的次数：□每年 1 次　　□没有外出培训过

　　　　　　　　　　　　　　□每年外出培训 2～3 次

10. 您所在高校每年生均体育教育经费投入区间：

　　□10 元以下　□10～20 元　□20～30 元　□30～50 元　□50 元以上

第二部分：

党的十九大将"健康中国"上升为国家战略，2016 年 10 月，中共中央、国务院印发了《"健康中国 2030"规划纲要》，要求"将健康教育纳入国民教育体系，把健康教育作为所有教育阶段素质教育的重要内容"。请您以此根据现实情况真实填写下面问答。

11. 您对健康中国战略的熟悉程度：

　　A. 非常熟悉　　　　B. 比较熟悉　　　　C. 一般熟悉

　　D. 不太熟悉　　　　E. 完全不熟悉

12. 您对健康中国战略哪些方面比较熟悉：

（第 9 题您回答"一般熟悉"和"比较熟悉"时，请回答此题，其余可跳过）

　　A. 健康中国战略的内涵与目标

　　B. 仅知晓健康中国是让人们更加注重健康意识

　　C. 没有过多关注健康中国战略

13. 您是以什么为目标进行教学设计的：

　　A. 以学生运动技能为目标　　B. 以学生运动参与为目标

　　C. 以终身体育意识为目标　　D. 以心理健康和社会适应能力为目标

14. 您觉得为什么要持续开展体育教学（多选题）：

　　A. 旨在提高学生体育学习基本理论知识

　　B. 根据学校教育教学安排

　　C. 要帮助学生掌握运动技能

　　D. 提高学生的体育品德精神

15. 您是以什么为依据选择您教学的课程内容（多选题）：

A. 自己专长　　　　　B. 学生兴趣和自身需要

C. 体质测试项目　　　D. 项目难易程度　　　E. 其他：_____

16. 您以下列哪个项目为主要教学内容：

A. 体操　　　B. 球类（包括大球和小球）　　　C. 武术

D. 田径　　　E. 游泳　　　F. 其他：_____

17. 您在体育教学时所采用的教学方法（可多选）：

A. 讲解与示范法　　　B. 完整法与分解法　　　C. 预防与纠正错误法

D. 发现式教学法　　　E. 探究教学法　　　F. 领会教学法

G. 合作式教学法　　　H. 其他：_____

18. 您在体育教学中运用信息化媒体情况：

A. 从来不会使用信息化媒体进行教学

B. 很少使用信息化媒体进行教学

C. 偶尔使用信息化媒体进行教学

D. 经常使用信息化媒体进行教学

19. 您开展体育教学的组织形式是哪些（多选题）：

A 班级教学　　　B. 俱乐部教学　　　C. 个别教学

D. 分组教学　　　E. 其他：_____

20. 您觉得开展体育教学最主要的目的是什么：

A.完成课程教学目标内容　　　B.帮助学生达到体育项目考核评价要求

C. 帮助学生养成好的体育习惯　　　D. 其他：_____

21. 您对"体育教学内容取决于课堂教学最终考核评价指标"的态度：

A. 完全同意　　　B. 基本同意　　　C. 同意　　　D. 不同意

22. 您对学生课堂表现主要评价哪些维度（多选题）：

A. 体育知识、技能的习得　　　B. 技能的习得和身体机能的提升

C. 团队合作意识与能力的提升　　　D. 运动兴趣的培养

E. 运动行为的养成　　　F. 其他：_____

23. 您对学生进行教学考核时的主体是（多选题）：

A. 教师本人　　　B. 同行互评　　　C. 专家考核

D. 学生互评　　　　　F. 其他：_____

24. 您在体育教学中所采用的教学评价方法：

　　A. 定性评价　　　　　　　B. 定量评价

　　C. 定性评价与定量评价相结合　　D. 其他：_____

25. 您所教课程对学生的评价主要考察哪些内容（多选题）：

　　A. 体育健康知识与技能的习得　　B. 体质健康水平

　　C. 意志能力提升　　　　　D. 运动专项技能水平

　　E. 运动参与程度　　　　　F. 运动兴趣增强

　　G. 其他：_____

26. 对于当前高校体育教学改革，您认为最为关键的建议是：

本问卷到此结束。

感谢您在百忙中抽出时间填写问卷，您的建议对我们十分重要。最后，祝您工作生活幸福愉快！

参考文献

[1] 拉尔夫·泰勒. 课程与教学的基本原理 [M]. 施良方, 译. 北京: 人民教育出版社, 1994.

[2] 约翰·杜威. 民主主义与教育 [M]. 王承绪, 译. 北京: 人民教育出版社, 1990.

[3] 梅洛·庞蒂. 知觉现象学 [M]. 姜志辉, 译. 北京: 商务印书馆, 2001.

[4] 陈桂生. 人的全面发展理论与现时代 [M]. 上海: 华东师范大学出版社, 2012.

[5] 郭道全, 魏富民, 肖勤等. 现代高校体育教学概论 [M]. 北京: 中国商务出版社, 2015.

[6] 顾明远. 教育大辞典: 上 [M]. 上海: 上海教育出版社, 1998.

[7] 联合国教科文组织国际教育发展委员会. 学会生存: 教育世界的今天和明天 [M]. 华东师范大学比较教育研究所, 译. 北京: 教育科学出版社, 1996.

[8] 李薛, 韩剑云, 孙静. 现代教育技术革新下高校公共体育教学研究 [M]. 北京: 中国纺织出版社, 2019.

[9] 毛振明. 体育教学论 [M]. 北京: 高等教育出版社, 2010.

[10] 武升. 教育创新论 [M]. 上海: 上海教育出版社, 2000.

[11] 王道俊, 郭文安. 教育学 [M]. 北京: 人民教育出版社, 2014.

[12] 杨小微. 教育研究方法 [M]. 北京: 人民教育出版社, 2005.

[13] 于晓权. 马克思幸福观的哲学意蕴 [M]. 长春: 吉林大学出版社, 2008.

[14] 朱作仁. 教育辞典 [M]. 南昌: 江西教育出版社, 1987.

[15] 翟向阳. 健康教育学 [M]. 重庆: 重庆大学出版社, 2018.

[16] 周登嵩. 学校体育学 [M]. 北京: 人民体育出版社, 2004.

[17] 毛振明，王小美. 体育与健康课改论［M］. 北京：北京体育大学出版社，2009.

[18] 杨芳，高海利，周明. 体育教育与人的发展［M］. 北京：北京体育大学出版社，2009.

[19] 柏友萍. 现代健康意识培养［J］. 中国健康教育，2004，20（1）：66-67.

[20] 柴华. "健康中国2030"背景下高校公共体育教学改革研究——以内蒙古师范大学为例［J］. 赤峰学院学报（自然科学版），2019，35（8）：109-111.

[21] 程传银. 发展学生体育学科核心素养的教学论解读［J］. 沈阳体育学院学报，2019（3）：1-7.

[22] 杜进荣. 浅谈高校体育教育专业网球课教学改革现状及其对策［J］. 山东社会科学，2016（增刊1）：332-333.

[23] 程显扬. 基于政策工具的《健康中国行动（2019—2030）》文本分析［J］. 东北大学学报（社会科学版），2020，22（5）：65-72.

[24] 戴显鹏. 高校体育教学改革研究［J］. 教育理论与实践，2018，38（9）：63-64.

[25] 代会莹. 高校公共体育教学中引入休闲体育运动趋势与措施［J］. 当代体育科技，2020，10（12）：183-184.

[26] 高晓峰，杨贵仁，陈永利. 20世纪中后期我国体育教育主流思想叙事研究：基于王占春先生思想的分析［J］. 沈阳体育学院学报，2019，38（6）：97-104.

[27] 卢元镇. 竞技体育要理直气壮地进入学校［J］. 体育科研，1995（1）：1-3.

[28] 江娟，王华倬，刘昕. 新中国学校体育思想发展与体教关系演变逻辑［J］. 北京体育大学学报，2021，44（7）：104-113.

[29] 康喜来，李德武. "健康中国"背景下对体育教育专业学生健康素养培养的思考［J］. 吉林体育学院学报，2017，33（4）：100-102.

[30] 卢元镇. 论学校体育与竞技运动的关系［J］. 体育科研，2000，21（3）：1-4.

[31] 黄聪. 规则中的自由："放羊式教学"潜在的理念与运用［J］. 体育学刊，

2011, 18 (2): 74-77.

[32] 段爱明, 李新威. 高校体育的生活化趋向及转型策略 [J]. 中南民族大学学报 (人文社会科学版), 2018, 38 (5): 177-180.

[33] 雷建. 民族体育文化与高校体育教育发展研究——评《学校体育教学改革与发展研究》[J]. 中国高校科技, 2019 (9): 106.

[34] 黄建团. 注重体育文化与健康素养培育相结合的高校公共体育教学改革——评《体育文化与健康教程》[J]. 教育与职业, 2020 (16): 114.

[35] 姜玉红. 移动互联网场景下的高校公共体育教学改革研究 [J]. 西南师范大学学报 (自然科学版), 2018, 43 (12): 178-184.

[36] 吴昊. "互联网+"背景下高校民族传统体育教学改革研究 [J]. 教育理论与实践, 2021, 41 (24): 58-60.

[37] 韩新英. 教育公平视角下高校体质弱势学生群体的体育教学改革 [J]. 体育文化导刊, 2016 (10): 134-137.

[38] 鲁丽. 新型城镇化背景下高校公共体育教学的改革探索 [J]. 教育理论与实践, 2019, 39 (21): 62-64.

[39] 秦玉峰, 郭洋波. 让泰勒与派纳携手——对我国普通高校体育课程与教学改革的思考 [J]. 黑龙江高教研究, 2016 (6): 139-141.

[40] 蔺麒, 吴迪, 袁春杰. "体育生活化"与高校体育课程改革 [J]. 广州体育学院学报, 2021, 41 (4): 104-106.

[41] 孙成林, 杨甲睿. 普通高校体育专业理论课程教学模式改革探索 [J]. 沈阳体育学院学报, 2017, 36 (5): 88-96.

[42] 黎桂华. 体育互动式教学方法探究——评《体育教学策略与设计》[J]. 中国教育学刊, 2019 (4): 148.

[43] 贾健. "健康中国"背景下普通高校体育教学改革理论研究 [J]. 体育科技, 2019, 40 (4): 147-148.

[44] 栗元辉. "健康中国"战略视角下高校体育教学发展研究 [J]. 教育理论与实践, 2017, 37 (18): 60-61.

[45] 黄易. 健康中国背景下高校公共体育教学改革——以咸阳职业技术学院为

例［J］.陕西教育（高教），2021（4）：31-32.

[46] 李毅.论学校体育在健康中国战略中的作用展现［J］.体育世界（学术版），2018（1）：133.

[47] 浑涛."健康中国建设"背景下高职体育教学创新策略探究［J］.湖北开放职业学院学报，2021，34（20）：7-9.

[48] 高军.健康中国引领下的公共体育教学改革策略——基于健身健美课程的视角［J］.嘉兴学院学报，2021，33（6）：104-108.

[49] 尹俊卿.浅谈健康中国背景下高校公共体育教学模式的创新［J］.高考，2017（27）：282.

[50] 林成亮.健康中国背景下高校公共体育教学模式创新研究［J］.当代体育科技，2017，7（17）：5-6.

[51] 马昆，王景星，吴戈，等.健康中国战略背景下健康教育融入学校体育教学改革的对策［J］.河北北方学院学报（社会科学版），2021，37（2）：74-76.

[52] 孙建昆.论教育与人的全面发展［J］.天津师范大学学报（基础教育版），2005（6）：21-24.

[53] 高海利，卢春天.身体素养的构成要素及其理论价值探微［J］.体育科学，2019，39（7）：92-97.

[54] 任海.身体素养：一个统领当代体育改革与发展的理念［J］.体育科学，2018，38（3）：3-11.

[55] 李启迪，齐静，王章明.体育教学"体育品德"目标的评价内容体系构建［J］北京体育大学学报，2019（8）：131-137.

[56] 李琴，苏利群.基于体育三大领域发展态势探讨中国体育发展趋势［J］.广州体育学院学报，2014（6）：53-57.

[57] 毛振明，杨多多.《"健康中国2030"规划纲要》与学校体育改革施策（一）——目标：青少年熟练掌握一项以上体育运动技能［J］.武汉体育学院学报，2018，52（2）：5-10.

[58] 郭伟.与全民健身运动接轨，深化高校体育改革［J］.武汉体育学院学报，2001（2）：15-16.

[59] 梁凤波,毛振明,程天佑,等."健康中国2030"规划纲要与学校体育改革实施[J]. 武汉体育学院学报,2018,52(7):82-87.

[60] 刘宗梅. 普通高校体育经费现状分析与对策研究——以河北省承德市为例[J]. 赤峰学院学报,2016(5):107-108.

[61] 孙鸿,刘新民. 高校公共体育教学改革的新视野——从追求体育功利转向保障学生体育权益[J]. 西安体育学院学报,2015(2):229-233.

[62] 彭贻海,刘聪. 健康中国背景下高校公共体育教学改革研究[J]. 高教学刊,2020(17):140-142.

[63] 孙萌,张楠. 当前高校公共体育教学改革现状、问题及对策研究[J]. 教育与职业,2013(18):120-122.

[64] 胡桂康. 健康中国背景下高校公共体育教学改革的时代诉求[J]. 山西财经大学学报,2020,42(增刊2):110-113.

[65] 付海燕.《"健康中国2030"规划纲要》背景下高校公共体育教学改革的对策[J]. 体育科技文献通报,2018,26(8):48-49.

[66] 刘纯献,刘盼盼,苏亮. 体教结合的难点、痛点、堵点与体教融合价值引领的闪光点[J]. 北京体育大学学报,2021,44(9):13-23.

[67] 李曙刚,王海军,张献辉,等. 健康中国视域下的河北高校公共体育教学改革研究[J]. 科技资讯,2018,16(21):242-243.

[68] 贾书申,周立新,王琦.《健康中国2030规划纲要》背景下的高职体育教学改革[J]. 北京工业职业技术学院学报,2017,16(3):70-72.

[69] 孙威,刘明亮,金在龙. 高校体育教学模式现代化改革研究[J]. 吉林化工学院学报,2017(4):35-38.

[70] 寇文海,王华倬,周坤. 教育公平视域下高校体育弱势群体体育教育权利保障研究[J]. 体育文化导刊,2018(11):131-135.

[71] 李小莉. 运动处方干预大学生体质健康指标的实验研究[J]. 河南师范大学学报(自然科学版),2015(5):178-182.

[72] 王爱华. 论高等学校校园体育文化环境建设[J]. 北京体育大学学报,2004(9):1260-1261.

[73] 辜德宏,刘雪勇,常德胜.高校体育文化环境的调查研究——以湖南省高校为例[J].南京体育学院学报(社会科学版),2012,26(5):1-8.

[74] 陈炜.人文与科学技术融合创新高校教学体系——以体育专业为例[J].中国高校科技,2014(9):44-45.

[75] 钟淼.学校体育文化对学生健康意识的形成与发展研究[J].当代体育科技,2019,9(28):150-152.

[76] 唐静芸.围困与突围:当代中国家长教育焦虑的困境解读[J].西北成人教育学院学报,2021(9):32-36.

[77] 王强,王先锋.法国国家成人体育健康课程开展研究[J].中国成人教育,2010(10):124-125.

[78] 王静,刘凯.中美两国高校体育活动内容与分类的比较研究[J].沈阳体育学院学报,2009,28(3):77-81.

[79] 吴翼鉴.体育目的问题之我见[J].体育学刊,1995,2(3):19-21.

[80] 姚舜禹,潘书波.新时代下高校体育教学职能的拓展路径研究[J].当代体育科技,2018,8(35):4-6.

[81] 汤凯."茶学思想"在高校公共体育教学中的应用研究[J].福建茶叶,2016,38(2):187-188.

[82] 周兵.科学人本主义对我国高校体育教学改革的启示——评《美与和谐的体育教学》[J].中国教育学刊,2016(7):120.

[83] 朱福军.多媒体技术在高校体育教学中应用的探索——评《中国高校体育改革回顾与展望》[J].中国教育学刊,2017(2):118.

[84] 张莹.教育"核心素养"理念下的高校体育课程改革—以重庆科技学院体育健康课教学改革为例[J].西南师范大学学报(自然科学版),2016,41(10):173-176.

[85] 张路,等.山西省高校公共体育课程教学改革研究[J].教育理论与实践,2020,40(9):59-61.

[86] 张彦.运动处方理念下普通高校公共体育教学模式改革研究[J].高教探索,2020(12):40-43.

[87] 张豪，杨管，李显国."健康中国"背景下学校体育教学指导思想的再思考［J］.体育科技文献通报，2018，26（5）：146-148.

[88] 张程，陈红霞."健康中国"视域下高校体育教学价值体系理论研究［J］.产业与科技论坛，2019，18（5）：158-159.

[89] 杨兵.健康中国引领公共体育教学改革培养学生终身体育意识［J］.渤海大学学报（哲学社会科学版），2021，43（4）：98-101.

[90] 周明娟."健康中国建设"背景下高职体育教学创新研究［J］.淮南职业技术学院学报，2019，19（6）：104-106.

[91] 赵效江，李长青."健康中国"战略下普通高校体育教学评价的困惑与思考［J］.赤峰学院学报（自然科学版），2018，34（3）：131-132.

[92] 张海靖.健康中国战略背景下高校公共体育教学评价体系优化研究［J］.湖南邮电职业技术学院学报，2021，20（3）：55-58.

[93] 袁振国，刘世清.改革开放40年中国基础教育发展的历史经验［J］.中国教育学刊，2018（12）：9.

[94] 王虎学，万资姿.论教育与人的全面发展——从马克思的一个科学论断谈起［J］.甘肃理论学刊，2011（2）：39-42.

[95] 俞海洛，方慧，刘洋，等.习近平新时代关于体育的重要论述对普通高校体育教学改革的启示［J］.体育学刊，2020，27（5）：76-81.

[96] 郑继超，董翠香，董国永.习近平教师重要论述引领新时代体育教师发展的策略研究［J］.体育学研究，2021，35（6）：18-24.

[97] 杨文运，东明，焦臣道.新时期中国高校学生体育素养评价的改革与发展［J］.河北体育学院学报，2003，17（2）：51-52.

[98] 张墁华，李红娟，张柳，等.身体素养：概念、测评与价值［J］.首都体育学院学报，2021，33（3）：337-347.

[99] 万炳军，曾肖肖，史岩，等."健康中国"视域下青少年体育使命及其研究维度的诠释［J］.体育科学，2017，37（10）：3-12.

[100] 张志勇，孟晓平，刘显，等.体育促进积极健康社会生态系统构建的理论与实践路径［J］.北京体育大学学报，2021，44（3）：57-71.

[101] 郑忠. 健康中国背景下高校体育教学内容改革探索[J]. 江西电力职业技术学院学报, 2021, 34 (11): 130-131+134.

[102] 周斌. 积极心理学视域下的高校公共体育教学研究[J]. 教育理论与实践, 2017, 37 (9): 57-58.

[103] 王林, 王岩. 高校体育课程内容体系的弊端与改革思路[J]. 体育与科学, 2003 (5): 28-31.

[104] 姚大为, 张强. 达斡尔族传统体育项目融入高校体育教学的研究[J]. 体育学刊, 2009, 16 (12): 59-62.

[105] 向剑文. 重庆市高校学生体育社团发展现状与对策研究[J]. 西安体育学院学报, 2010, 27 (5): 566-569.

[106] 王剑. "健康中国"背景下高校体育改革与发展[J]. 湖北体育科技, 2017 (7): 625-627.

[107] 郑淞. 健康中国建设背景下学校体育改革的必要性与实施策略[J]. 中国学校体育, 2017 (3): 6-9.

[108] 郑大军. 健康中国视角下高校体育教学创新研究[J]. 安徽工业大学学报（社会科学版）, 2018, 35 (6): 105-106.

[109] 张保华, 黄小华, 郑建民. 中山大学学生健康意识状况与体育行为的调查分析[J]. 体育学刊, 2008 (9): 68-70.

[110] 张博. 在核心素养视阈下推动高校体育课程改革[J]. 中国高等教育, 2019 (5): 49-51.

[111] 邹红. "健康中国"背景下普通高校体育教学改革的理论研究[J]. 当代体育科技, 2018, 8 (25): 83+85.

[112] 韩冰. 终身体育视域下普通高校公共体育课程与教学改革探讨[D]. 哈尔滨：哈尔滨体育学院, 2017.

[113] 韩雪梅. "健康第一"理念下西安普通高校公共体育课教学改革的研究[D]. 西安：西安体育学院, 2017.

[114] 李岳松. 健康中国战略背景下桂林普通高校公共体育发展研究[D]. 桂林：广西师范大学, 2018.

[115] 李东涛. 中国健康体育课程模式实效研究[D]. 石家庄：河北师范大学，2018.

[116] 金沙. 全面发展视野中的学校体育[D]. 长春：东北师范大学，2012：34-35.

[117] 孙小杰. 健康中国战略的理论建构与实践路径研究[D]. 长春：吉林大学，2018.

[118] 杨贵仁. 学生体质健康泛教育论[D]. 福州：福建师范大学，2005.

[119] 熊艳. 我国普通高校健美操"运动教育模式"的理论构建与实证研究[D]. 北京：北京体育大学，2013.

[120] 张志坤. "健康中国2030"背景下河南省高校公共体育教学俱乐部的发展对策研究[D]. 长春：吉林体育学院，2019.

[121] 张跃敏. 基于案例分析的理工为主高校体育师资队伍管理问题及对策研究[D]. 沈阳：东北大学，2017.

[122] 王丽丽. 陕西省普通高校公共体育课教学现状调查及对策研究[D]. 西安：陕西师范大学，2011.

[123] 赵凤娟. 山东省普通高校体育师资队伍现状及建设对策的研究[D]. 济南：山东师范大学，2010.

[124] 秦英杰. 陕西省普通高校公共体育教学俱乐部现状与对策研究[D]. 长春：延安大学，2012.

[125] 钟立国. 健康中国战略下高校公共体育课定向运动教学改革研究[D]. 牡丹江：牡丹江师范学院，2020.

[128] 林笑峰. 世界体育科学化的动向和我们的新使命[N]. 体育报，1979-07-18（2）.